El sitio donde muere mi lágrima

Antología personal

(1998–2023)

Piedra de la Locura

Colección
Homenaje a Alejandra Pizarnik

Homage to Alejandra Pizarnik
Collection
Stone of Madness

Luissiana Naranjo

EL SITIO DONDE MUERE MI LÁGRIMA
ANTOLOGÍA PERSONAL
(1998–2023)

Nueva York Poetry Press LLC
128 Madison Avenue, Office 2NR
New York, NY 10016, USA
Telephone: +1(929)354–7778
nuevayork.poetrypress@gmail.com
www.nuevayorkpoetrypress.com

El sitio donde muere mi lágrima
Antología personal
(1998–2023)

© 2024 Luissiana Naranjo

ISBN–978–1–958001–93–6

© Colección *Piedra de la locura vol. 22*
Antologías personales
(Homenaje a Alejandra Pizarnik)

© Prologue and Back Cover:
María Pérez Yglesias

© Publisher & Editor–in–Chief:
Marisa Russo

© Editors:
Alfonso Chase
Mario Alberto Marín
Francisco Trejos

© Layout Designer:
Moctezuma Rodríguez

© Graphic Designer:
William Velásquez Vásquez

© Author's Photographs:
Personal archive

© Cover Artist:
Anne Marie Zilberman
Golden Tears (1980)

Naranjo, Luissiana
El sitio donde muere mi lágrima. Antología personal (1998–2023); 1ª ed. New York: Nueva York Poetry Press, 2024. 526 pp. 6"x 9".

1. Costa Rican Poetry   2. Latin American Poetry

All rights reserved. No part of this publication may be reproduced, distributed, or transmitted in any form or by any means, including photocopying, recording, or other electronic or mechanical methods, without the prior written permission of the publisher, except in the case of brief quotations embodied in critical reviews and certain other non commercial uses permitted by copyright law. For permissions contact the publisher at: nuevayork.poetrypress@gmail.com.

PRÓLOGO

Luissiana Naranjo Abarca:
entre la irreverencia y la transformación.

El nombre de pila nos interpela, nos convierte en sujetos de nuestra propia historia. Lo escuchamos en voces y tonalidades distintas desde antes de nacer. Vibra, conmueve, marca. Luisa y Ana una dupla desde siempre, una búsqueda constante, un enigma sostenido por la duda, el asombro y la paradoja de la vida. Luissiana ese nombre poético cargado de energía vital, doble, siempre en riesgo, siempre al borde de las emociones, de los instintos y las racionalidades inmanejables. Como persona la salvan la sorpresa, la búsqueda de equilibrio y armonía, el desconcierto en lo cotidiano y lo trascendente, pero sobre todo la redimen y liberan la contradicción, la rebeldía y, por qué no, el "incierto" eufemismo. Esta Antología es biográfica —como prácticamente toda su experiencia de escritura poética— y ensayístico, el texto utiliza la opinión, la metáfora para hacer una crítica social y plantear un ideario. Expone un conjunto de valores humanistas y socio políticos donde los derechos individuales y colectivos pasan por el amor de pareja, la familia, la maternidad, Dios, la iglesia, lo patriarcal, la democracia, la justicia, el feminismo, el ambiente, el eros rotundo, y, básicamente, la libertad como liberación.

Niña tierra entre fuego y el agua que no se contamina... Luissiana Naranjo Abarca nace un seis de setiembre en una de las fechas más emblemáticos de la historia occidental: 1968. Ese año —recordado por las protestas y represión estudiantil, los hippies, la música de los Beatles, el amor libre y la paz—

parece aspergear a esta deseada niña nacida en San Antonio de Desamparados, su pueblo mágico, la cuna del gran gestor cultural Joaquín García Monge y del poeta militante, su abuelo Próspero Abarca.

De niña contempla, reflexiona y admira el entorno natural, desde la casita de tablones en el patio de lo que hoy es una Residencia para personas adultas mayores, herencia familiar que data de 1925. Observa los insectos, los colores de flores y frutos, el movimiento y la textura. Alerta sus sentidos, los despierta con el roce, el aroma de la cocina o de un cítrico caído del árbol, de una nota musical en el aire, con la locura del color y la imaginación. Y el mar, la montaña, el bosque húmedo y la magia de la neblina, sobre todo lo nebuloso la asombra con sus claro-oscuro. Con ser y no ser en el gris, en lo que diluye los bordes, la imagen sombra, silueta o bruma.

Es la casa grande, la que recibe y atiende, la que se llena de voces y comida. Su viaje vital –interior– es largo y tortuoso, pero sobre todo contradictorio y ambiguo: el amor inmenso del y al padre-abuelo –treinta años mayor que su madre– con sus aperturas y oportunidades y, a la vez, con su conservadurismo, inmenso amor anhelado y limitaciones. Esa temprana convulsión interior se genera, por su patrón genético –parental, cósmico– y por un entorno marcado fuertemente por la fe, la prescripción de su papel de misionera durante su juventud, por lo prohibido y la verdad única.

El hombre falla con su primera y abusiva relación de pareja y la búsqueda limitada a lo prescrito por la iglesia y su noción de pecado y castigo entra en contradicción con sus sensaciones y sentimientos. Si algo caracteriza a nuestra autora es el viaje y la búsqueda. Un viaje a su interior, a su ser íntimo para construir su propia identidad y viajes relativamente externos por temáticas y problemáticas, por espacios y geografías, por experiencias académicas de estudio (educación, arte, administración educativa, periodismo, lingüística), por grupos culturales, por los caminos de la memoria y el olvido.

En su faceta artística Luissiana escribe desde pequeña, practica la oratoria, ama la música, la lectura y la palabra. Realiza sus estudios en la Escuela Católica Activa y el Colegio San Judas Tadeo terminando en el Liceo de San Antonio y desde sus quince años asiste al colectivo poético Eunice Odio. Más tarde se incorpora al Café Literario Francisco (Chico) Zúñiga, al Círculo de Poetas Costarricenses con Laureano Albán, a la Asociación de autores de obras literarias y artísticas de Costa Rica como presidenta y a la Asociación Costarricense de Escritoras donde participa activamente, incluso a nivel de Junta Directiva por muchos años.

Crea junto a Rafael Chamorro y Ediciones Andrómeda el Proyecto itinerante Resabios (Arte y poesía) donde los poemas comparten con la música y la pintura. Funda El Duende, un colectivo que genera tertulias musicales y literarias junto con Gaviota y también dirige tertulias literarias en la comunidad de Monteverde. Organiza el consecutivamente El Encuentro Internacional del poeta y el medio ambiente en ese lugar y otros citadinos donde reúne un mes al año actividades donde participan más de 80 poetas, coordinó la Comisión de Cultura en Desamparados por dos años y co-funda el Museo de la carreta en Salitrillos.

Estas prácticas y la del periodismo la llevan a participar muy activamente en recitales, seminarios, encuentros nacionales e internacionales y le dan oportunidad de publicar en diversas antologías. Además de nuestro país donde el ICER, Líneas de Mujer, El amor en la poesía costarricense publican una selección de sus poemas, Luissiana ha leído y/o publicado en Panamá, Nicaragua, México, New York, Guatemala, El Salvador, Chile, Colombia, Argentina, Cuba, Estados Unidos, España.

Después de su rebelión –apostasía– contra lo prescrito, después de esa lucha para algunos irreverentes y para otros sanadora, Luissiana emprende otro largo viaje en el que había incursionado pero ahora privilegia: el de la educación de niños, niñas y jóvenes en condición de vulnerabilidad. Su condición de misionera de la palabra bíblica se transforma. Su nueva misión es la de educar, trasmitir conocimientos, formar valores, mejorar condiciones de vida. Y en el presente con las personas adultas mayores. Docente universitaria, colegial y escolar, se interesa por el humanismo y la cultura de paz, trabaja en la confección de libros de texto, en administración educativa, pero, sobre todo, en el aula. Desde el 2000 realiza un largo periplo por escuelas públicas en poblaciones marginales como Río Azul, Las Gravilias, República de Panamá, Porvenir, Calle Fallas, Ciudadela Fátima, Los Guido y, por último, Río Azul.

Niños y familias evidencian lo que significa la vida cotidiana en condiciones de abuso social y personal. Su experiencia como docente y como gestora cultural en la comunidad de Monteverde le permite profundizar en ese viaje hacia y con la naturaleza que había iniciado desde la infancia. Sus años como precursora en la Zona de los Santos, donde realiza su tienda, y un grupo de mujeres como colectivo que les permite crear costuras y venderlas. Allí, también realiza cursos de pintura con niños y ama profundamente ese lugar donde vivió por más de seis años en Santa María de dota, San Marcos y San Pablo.

Recordemos que en su vida diaria Luisiana ha participado activamente en la organización de actividades muy diversas, en programas en los medios de comunicación (como Mujeres del 2000 en Canal 13), en agrupaciones de estudio y estímulo a lo literario y, casi siempre lo hace con énfasis en grupos que, por razón de género, etnia, edad, condición socioeconómica u otra, son más vulnerables. Al trabajo literario con mujeres privadas de libertad: Taller de Literatura para mujeres en prisión y Palabras Libres (2007 y del 2011 hasta hoy) –donde se publican Letras Libres, Soles para un largo invierno y Después del invierno– hay que sumar su experiencia en talleres con personas sobrevivientes de cáncer, con jóvenes de alto riesgo patrocinado por Paniamor o con la comunidad de Monteverde, donde logra editar antologías como Elige vivir, Sementíos y Tertulia en el bosque. Como escritora publica con Líneas Grises el poemario *Cuerpo de Latitud Verde* (1998) y un texto a tres manos, *Fuego, tierra, agua… que nunca se enturbia* (2000) con Luz Alba Chacón y Sonia Solarte. La editorial Andrómeda saca a la luz *Resabios* en el 2007 y dos años después la UNED premia su libro *Canica Azul*, un poema ambiental para niños. *Analfabeta de mi sexo* y *.Zip* son editados por Germinal y Edinexo, respectivamente, en el 2012 y el 2016. Un libro de crónicas y ensayos, también por Edinexo, 2020, con el nombre *Eufemismos y otros relatos apóstatas*. *De soles y virus* (2021) tras la situación endémica de Coronavirus. Su poemario *Poeta anfibio* (2022). Y *Erógena* con la Editorial New York Poetry Press 2023. Ya para el 2004 tiene dos nuevos libros, uno sobre el feminismo, *Tristes tras la niebla*, Y otro sobre el medio ambiente, específicamente sobre las plantas, y así es como nace *Plantario*.

Otros viajes –siempre como búsqueda y cuestionamiento, como aprendizaje y enseñanza– al exterior, a culturas originarias y a la condición de mestizaje –México, Centroamérica y algunos países del sur– la conmueven. Luissiana indaga, se pregunta, conoce e igual que otras experiencias transforma ese diálogo en escritura: lo hace con el libro Fuego, tierra y agua… que no se enturbia y en la actualidad relatando impresiones y anécdotas en su libro Eufemismos y algunos relatos apóstatas. Este texto de memoria, autobiográfico y convulso, muestra un espíritu rebelde que abandona, deserta, reniega de todo aquello que limita la liberación de la mujer. Su liberación. Este conjunto de relatos en apariencia muy disímiles –algunos renegados–, están unidos por la toma de conciencia de una realidad social-religiosa, económica, sexista, mojigata y subyugante– que somete a la norma, al orden, a la creencia e impide transitar por los laberintos del deseo, de la inclusión real, del compromiso con la naturaleza, de la oportunidad. La escritora usa pocas veces el eufemismo como figura retórica, como lenguaje política y "moralmente correcto", más bien enfrenta con ideas y palabras fuertes– para la tradición prohibidas– todo aquello que en su criterio daña a las sociedades y, especialmente al sexo más vulnerable. Luissiana abarca –como su apellido materno– una infinitud de problemáticas directa o indirectamente y lo hace con distintas estrategias discursivas: analiza, describe, critica, niega, ironiza y sobre todo juega con el lenguaje una y otra vez. Esta forma de enfrentar los escritos en sus libros es semejante a la que se percibe en su vida cotidiana donde los derechos humanos son su bandera y donde privilegia las luchas por la conservación del medio ambiente, los derechos de la niñez y la adolescencia, los indígenas, de quienes padecen enfermedades crónicas o de aquellos que están en prisión.

Como gestora cultural, comunicadora y como artista polisémica –pintora, artesana, fotógrafa, poeta y narradora– dedica varios de sus relatos de Eufemismos y algunos relatos apóstatas al arte, la literatura y los talleres de arte. Feminista por convencimiento, amante del arte como terapia y realización personal, activista en la asociación contra el acoso moral y psicológico, curiosa, creativa, rebelde la escritora rompe cánones y legitimaciones absurdas. Luissiana cuenta, revive como un acto de recuerdo e imaginación lo que fue su experiencia vivencial y nos dice claramente lo que quiere borrar, lo que no quiere y quiere ser y, para eso, desentraña su lenta y dolorosa transformación.

La poeta cambia, se vuelve irreverente, se reinventa. Evidencia y atraviesa esos mitos, estereotipos y prejuicios sociales que la dañan, la condicionan, la hieren como persona y como género: la gordura, las relaciones de pareja, "la" verdad, la fe, la misión evangelizadora, la sexualidad opacada, la maternidad… En algunos textos la problemática se enfoca directamente sobre el "yo", sobre esa primera persona que necesita saber lo que realmente es –no está sola, es sola– pero en los otros textos la primera persona se convierte en plural, generalmente en un "nosotras". Se convierte en la representación del ser femenino que ha sido condenado durante siglos a la sujeción, a la baja autoestima, a la aceptación resignada, a los lineamientos que imponen el patriarca, la religión, el sistema político-social. Clama contra la "normalización" del abuso y acoso sexual (Me too), contra la tradición que encasilla, contra las frases deslegitimadoras escuchadas al "otro" –el ente masculino– una y otra vez.

El recorrido interior, espiritual, se concreta en el cuerpo femenino con sus mitos e "imperfecciones" y en el asumir paulatinamente la sexualidad-libertad. El cuerpo femenino con sus singularidades, sus recovecos, sus posibles ya se transita como un aprendizaje de sí misma en su poesía de Analfabeta de su cuerpo o .Zip. En estos y otros poemarios el sexo, el deseo, se asume directamente sin eufemismos, sin velos ni disfraces. En Erógena, este libro, el cambio se racionaliza a partir de la figura del hombre, al que clasifica, juzga por sus limitaciones e idealiza como encuentro posible. El énfasis erótico, sexual –ausencia de eufemismos– ha hecho que la califiquen como poeta de la sexualidad, deslenguada e irreverente, olvidando que su producción es mucho más que eso: la ansiedad, la lujuria, la excitación o la impudicia esconden el deseo de encontrar un amor "para siempre", equilibrado, cómplice, tierno, capaz de ahuyentar la soledad, de complementar lo cotidiano y gozar plenamente.

Sus reflexiones, ensayos y poesía feminista se toman como una declaración de identidad, como una propuesta de liberación social. El deseo, el instinto de vida, el placer, la pasión contrasta con el temor y consciencia del vacío, el silencio, la locura o la muerte. La telaraña bipolaridad es algo más que un síndrome, un estado, una red claro-oscura. Es ese juego de contrarios, contrariedades y contradicciones de lo que se afirma y niega al tiempo. Es la lucha permanente contra lo que se conserva como ley, se sistematiza como organización, se aplica como verdad divina irrefutable y, a la vez, se rebela, quiebra, juega y refuta. Es el doble, la paradoja, la ironía presente siempre en la rebelión vivida y representada por la poeta. El algunos relatos ambiente y comunidad se unen en ese largo transitar de varios años juveniles como misionera de la palabra, como mediadora de lo divino, de la "verdad". . La palabra de Dios en el absurdo de la prohibición, del pecado y su castigo, de las moralejas y la hipocresía, del miedo. De Garabito a Los Santos y allí de pueblo en pueblo y también en la vastedad de lo desconocido en San Miguelito, Managua y Matagalpa de Nicaragua. Varios años compartiendo creencias, dogmas, legitimaciones, encadenamientos. Del poder divino el poder terrenal. Muestra esos valores y principios religiosos que sirven para constreñir, obligar, omitir, anular, someter y el poder humano que continúa sin competencia –¿deseo real?–

para resolver la pobreza, el hambre, la injusticia, la inequidad o el analfabetismo. Lo prescrito y lo prohibido.

Las alas rotas, cortadas, escindidas en una sociedad que, además, desfavorece a la mujer. La mujer caminante en busca de su ser interior, en el reflejo de las otras mujeres y la sororidad. Allí en Los Santos –cuenta– trabaja con mujeres y termina organizando un colectivo de microempresarias donde cada quien produce y comercia, con esa condición negociadora de lo femenino. Cosen, tallan, cocinan, pintan, crean y colaboran entre sí. La realidad aclara las ideas y pondera la imaginación. Esa visión, esa lucha por su género convertida en organización es clara en sus proyectos literarios con privadas de libertad, en su participación en la Asociación de Escritoras o en propuestas comunicativas como Mujeres 2000. Allí, igual que años después en Monteverde, organiza recreación de tertulias e imparte clases de Lesco costarricense, fotografía o pintura para jóvenes, esos mismos adolescentes con los que trabaja como profesora. Luissiana pinta al óleo; baila y disfruta la música, convierte materiales en arte y artesanías; observa, relaciona, capta las imágenes en fotografía y trasciende. Caricaturiza y logra penetrar para hacer radiografías de la dura realidad. Ama el amor, la sencillez, a su madre, su hija Maripaz, a su único hermano, a sus amistades y sus alumnos.

Es sentimental, sensitiva y sensible, ácida y contundente, pasión verde y azul, satírica y a veces ingenua como la oruga. Sus cuestionamientos aumentan con la madurez, la criticidad sustituye a la creencia, la razón a la fe, el hecho a la interpretación. Piensa y opina. Afirma y niega, mira los colores y su ausencia, acepta la bruma, la nubosidad, los grises, la ambivalencia, lo relativo, la productividad frente al producto y la ambigüedad en el lugar del dogma, lo absoluto y unívoco. En ese ir y venir por geografías y mentalidades, de lo urbano a lo rural y a la inversa, del placer a la dolencia física, del campo a la ciudad, "la verdad" se vuelve tenue, se multiplica, se desvanece y aparecen las aristas, las diferencias culturales, personales, ambientales. La exclusión aparece como un demonio real –un dragón temible– contra el que hay que luchar y vencer. Luissiana encuentra la libertad en retazos, efímera a veces, inconstante e inestable, pero posible siempre. Y esa es su historia, la historia de una mujer grande y fuerte de cara bonita, de una impresionante activista y cumplidora de sueños, de una hija y madre que entiende lo que significan las generaciones, los conectes, la sororidad, la energía transpersonal y las raíces. La historia de una maestra que aprende y enseña; de una escritora que crea, inventa, interroga y cuestiona, indaga, discute, se contradice y re-direcciona; de una mujer naturaleza que se transforma y re-inventa, se rebela y reniega, que sufre y se alegra por la vida, por su vida.

DRA. MARÍA PÉREZ YGLESIAS
Ex Catedrática Universidad de Costa Rica

Cuerpo de latitud verde
(1998)

Elemento Eros

A veces hasta creo
que Dios mancha mi cuerpo de palabras
porque yo y tan solo yo
las he logrado revivir.

¿CÓMO DESPEDIR TU SOMBRA?

Cómo decirle no, y no
al dominio rojo de tu boca,
si desbrozas cada hierba de mi cuerpo
en toda tu extensión húmeda.

Es inútil oscurecer
la casi primavera de las cosas,
si la memoria de los colores
la dejas
profusamente en mí.
Si todo lo extinguible de un abrazo
emigra asustado,
suplicando que lo haga revivir.
Y no puedo burlar
la obstinación del tiempo,
ese segundo que es beso
y los minutos más bosques
en una habitación.
Es inútil despedir tu sombra
si nació para siempre
en su identidad más insaciable…

EL SITIO DONDE MUERE MI LÁGRIMA

¿Para qué sirve el olvido,
si el pulmón de mi alma
nunca exhala la memoria del aire?

Y es que a veces,
al alma se le caen las plumas,
esas que hay en tantos libros,
en tantos plurales de un pañuelo,
escribiendo el sudor
de una vocal herida.
Esas que se ocultan
en la delgada vergüenza de los rostros.
Las mías no;
ellas escriben al descubierto,
con letras que duelen.
¿Y qué…
si lloro frente a espejos
que no me esconden,
si siempre he sido esa palabra
que siente bosque
en los poemas?
Entonces, ¿qué resolvería con raspar mis ojos,
sin ver lo volátil de sus cenizas?
Si apenas consigo mirar y seguir lo insalvable,
acariciar el tallo frágil de las sombras
y rodear de suplicios mi soledad de barro.

Por eso, si logro manejar mi lágrima
para saber el sitio donde muere,

me perdería de preguntas,
de este pedazo incompleto de letras,
que es mi alma.

Delgadísimo instante

En el rastro en que todas tus algas
se adhieran a mi muelle de sal
y la noche por miedo quiera soles,
quiera besos, quiera pintar la eternidad
en un solo cuerpo,
entonces, una sombra nos unirá.

Y tu beso profusamente despierto,
me transmutará el vientre en puerta desatada,
me transmutará la soledad asombrosamente en distancia.

Ahora, tú y este poema,
me escriben noventa besos y nueve más
en los pezones dormidos.
¡Presiéntelos,
esperan el delgadísimo instante
de ser despertados
por el meridiano
tan savia de tu caricia!

DE LATITUDES Y RAMAS

Es octubre en mis labios...

Tu cuerpo con mi cercanía,
es marioneta de un instante.
Pero mi cuerpo juguete –sin plural–
se conforma en el declive de tu luna,
para soñar alguna vez
con el aura de otro beso tuyo.
¿Por qué no entiendes
este teatro –mío– de lluvias
inaugurándose en la piel,
cada vez que me roza tu verano prohibido?
¡Entra! Con todo lo rosado y con todo lo negro
a lo inverso de mi función,
aun, con esa semilla que nace de tus miedos.
¡Y ya no habrá maromas
que nos besen en el ojo,
ni soledad que nos abrace en la pared!
Te lo aseguro, cerraré con mi escenario de invierno,
el telón de tus años y soles,
mojando en mi suavidad,
las hojas de ese verano
que ya jamás me será prohibido.
Si tú decides, seremos un cuerpo...
uno de latitud verde, juzgado por el público mar de
        los corales.
¡Y ya verás que nos aplaudirán!

SEMILLA DEL TIEMPO

Ha caído un te quiero en el plural de mi mano.

¿Será por la semilla que no creció en el tiempo
que tu boca riega un torrente en mis sementíos
y un incendio vertical de secretos?

Yo siempre te pregunto por qué me buscas...
sin luna creciente, sin vino,
y sin sombra de algún beso,
si tengo tantas mareas, tantas uvas y unos labios.

Yo siempre te pregunto, por el destino sin nombre de
        esta huerta
y no respondes.
Lo sé, tú me andabas buscando
por entre litorales extraños del cuerpo,
y yo te encontré entre el alga
        que circunnavegaba en mi alma.

Lo sé, ya cayó tu adiós —desenterrado de lluvias—,
ya cayó ante la brasa errante de mi olvido.

Deseo

Es que mi deseo de corales golpea e ilumina
lejanamente tu ventana.
No, no destruyas esta boca –mía y tuya– de mareas.
No, no destruyas esta selva de savias heridas
que se perfila para ti sobre mis pechos.
Bébeme como sombra o como luz…
Fertiliza la violeta salvaje de mi boca.
Inhala este sudor de prisma que, girando, te ama.
Mis palabras besan la anchura de tu espalda.
Y te envuelvo en el olor a pino de mis poemas.

Solo así eres mío, tan mío como la soledad.
¡Cómo recorro y sueño este jade ambarino donde
       nace tu cuerpo!

Y galopo, desde mi tierra hasta tu luz,
mientras reposas en mi arena
con la frágil seducción de una sombra perseguida…

El beso y su latitud

Tu beso es de invernadero,
húmedo entre raíces,
ondulante entre las hojas de tus labios.
Pero es inmensurable,
porque me fluye
en el más cercano vértigo del ansia,
atizando en mi boca de eucalipto
un aroma vaporoso de deseos.

¿Por qué siempre hay humedad en tu piel primigenia
y encuentras un bosque
en el vuelo marrón de mi abrazo?

¿Fluirá acaso, tanta savia conjugada en la profecía de
      mi cuerpo
en esencia con tu cuerpo?
¿Y por qué cuando miro
la levedad de otros besos,
me dan tantas ganas de besar?
Caerá sin duda,
la eternidad roja de mi beso
en el extravío de tu beso. Solo así.

Es más que su nombre

Pude encontrar una pared con su nombre
y con la delgada eternidad de nuestro imposible.
No pude llamarle instante
porque siempre está
donde Dios lo busca:
deshecho en mi cuerpo
entre todos sus demonios.

Su olor aún persigue
la memoria de mi almohada
y en el último paso
en que imagino seguirlo,
despierto para repetir su sombra,
para inventar un poco del amor,
que no sé si existe.
¡Su nombre no puede morir
en las sábanas indefinidas de mi cama!

Es que siempre habrá una pared incansable
que escriba el miedo de nuestra historia,
donde nuestro pasado no logrará olvidarnos.

Lo que me hace libre

O es mi llovizna, que humillada asciende
a tu piel cordillera,
o es tu cráter extinto, que vive de sombras
en mi altitud de fuego.
¿Será lo inaudito de ambos?
Tal vez...
pero ha nacido la profundidad celeste
—deliberada de mí misma—
y me hace libre.

Lo leo en este poema,
mi otro yo,
desnudándole fuerzas al sol
en todos los niveles amarillos.

Entonces, me das un beso, casi roto de papel
para arrastrarlo en los meses vacíos
y en lo real de un cielo que, a lo mejor, no existe.

Así, soy libre de la ley finita que me basta de tus
 ojos.
Por eso, te imagino de aguacero oculto,
lloviéndome el alma de recuerdos.
Por eso, te guardo como un pedazo de zarzamora
en mi gaveta.

TU VOZ CASI INVIERNO

Sabes bien que desperté asustada
en los brazos de la tarde,
desnuda,
por la sumisión de tus ojos,
por aquella voz primaria, casi invierno.

Sabes lo frágil de mi palabra,
hecha de beso a medias con la soledad.

Ahora, olvidas deletrear mi rostro
para no sentirlo más.
Y tu espejismo de selva se detiene
y se consume, sereno de mentiras.

Ahora, lo que sabes
por más que lo sepas,
se alejará celosamente de ti.

Tu eternidad escrita

No sé si fuimos alma
esa noche de cerezas
—sumergidos de deseo—
o solo un cuerpo de lluvia impredecible.
Pero renació el ayer de mi miedo,
jurándome no inventar más sombras,
ni humos transitables en mi soledad.

Y es que, con solo palpar el aire de tu beso,
mi página se llena de palabras extintas.

Aún no sé si hubo liviandad en nuestro abrazo,
si existí como una mentira bajo tu hombro.

Pero después de todos los cielos
que me lograste heredar,
lloré un fin que sé,
jamás tendrá inicio de lágrima.

ADIÓS DE LABERINTO

Ahora que te vi llorar,
pon tu cuerpo en mi memoria,
trasluciendo corales en el verano de mi boca.
¡Deja que el verde silencioso de tu amor,
Descubra, sin sarmientos
mis hojas de limón!

¡Es que este génesis de hierba
ya era mío, tan mío,
que, si tú lo ignoras
quedará solo un estribillo muerto!

Desde que te vi llorar,
palpita este bajel,
desechando olas entre las rocas.

¿Te cinceló algún dolor
mi adiós de laberinto
o te ofuscaron las ventanas del deseo?
…Soy verdaderamente tibia
desde que te vi llorar.

Tu canto de montaña

Me miraste con la luna anillada a tus ojos
–despeñando luces–,
cuando mi noche era menos que una esquina,
hurgando soledades.

Para después, dibujar en mí
la hoja más marchita de tu ansia.
Y es que el cielo se viste de montaña
y se impregna en mi boca como escarcha.

¿Por qué renaces como hierba que corto,
y siempre crece sin heridas en el aire?
¿Fue ese pasto de Pará –húmedo en tu cuerpo–,
o toda esa altitud de bosques
donde nace lo más gris de tus entrañas?

¡Cuántos parasoles sembraste en las orillas de mi
         cuerpo!
Ahora son ellos los que piden
remanso de tu verde,
que lo será más… cuando lo beses.

Elemento transcendental

El espejo es una porción del tiempo
en donde cerradura y ojo se entrelazan.
…cuando lloro soy mi propio espejo.

Mía Gallegos

HERENCIA INFATIGABLE

¿Quién puede juzgar la hojarasca delirante
de mis campos...
si yo no escogí vivir
en el extremo de una palabra,
o en el meridiano dolor,
o en esa latitud, a veces divina, a veces lujuriosa?
Y es que a nadie le debe importar
el estilo casi fruta de sentirme víctima,
si soy "El lobo estepario", de Hesse,
      o "El joven Werther", de Goethe
señalando el azul de su propia compasión,
como un revuelo de piedad al hombre.
Yo no decidí desde la cuna
ser la mitad de mí misma,
y ser en el resto solo y solo poesía.
Porque hay otros tan manchados de asteriscos como
      yo,
con paréntesis de ansia
y corchetes de locura.
Por eso, celebro mi definición,
habitar en la posición del humo,
en los presagios silvestres,
en el rebelde musgo del tiempo,
todo esto y con el sol,
todo esto y con la noche,
todo en este poema es mi herencia infatigable,
tan infatigable que pocos la entienden.

El deseo de la lluvia

Yo atrapo dócilmente de la vida
toda la luz de mis rincones.

Porque soy un Dios en los poemas,
construyendo cuerpos,
amasándolos como polvo
y besándolos como fuego.
Todo es posible,
desde una sombra hasta su caricia.

Todo puede desearse,
como un abrazo perlino de ostras.
Todo puede crecer
en las tardes sin reloj.
Lo cree el viento
que lanza con su arco mis soledades…

Por eso, no tengo orillas en el alma
que perduren cansadas.
Porque cumplo con seguir venciendo,
todos los deseos heridos de la lluvia.

POESÍA DE SILENCIO

Silencio de caracola,
destierras ecos de incienso
en mi crepúsculo de poemas.

Naces como vocablo,
y silbas en el Seol azul
de mi arena estéril.
¡Silbas en los hilos del tiempo!

Y esa vastedad de letras
que decaen sosegadas
en el tronco desgarrado de mi boca.

No hay deseo de verbos cálidos
que susurren estaciones,
ni identidad de adjetivos consumados,
no los hay,
se fueron con el vuelo de tu nombre,
sí, con el volumen de otras voces.

TANGO DE PALABRAS

Se levantaron las alas de mi conciencia,
escondidas ya en los telares
de mis lágrimas y libros.
Son las palabras que se encienden en mis dedos
y se niegan a nacer.

Son las paredes hurañas que respiran
y estos cascabeles que emiten resonancias,
durmiéndose conmigo.
Así, entre el círculo agitado de mis manos,
amarro mi paciencia sin espera
y mis labios a esa sombra contraria de los besos.

Entonces, aún no hay tango de palabras,
solo renace, muy ceñido,
este abrazo roto de poema.

EL LATIDO INÉDITO DE LOS SUEÑOS

¿Qué sueña esta mujer inverniza,
—asediada de versos—,
Mientras convoca soles desde su cuarto
con barullos de guerrillera?

¿Acaso sueña ser la letra que va en el tiempo,
sin piel ni nada que la escriba?
¿O solo espera al vacío para que la juegue,
con sangría y puntos en los besos?
¿Será que el aire es tan solo
un grito lejano de aire,
en el reloj impasible de mi cuerpo?

¿Por qué me hiero
con tanta soledad de una palabra,
en el estrago de su ausencia?
¿Será que no dejo de contar
los latidos miscibles de mi asombro,
con la arritmia inédita de la lluvia?
¿O será que me derramo de tanto soñar?

Es largo el instante
cuando nazco en cada mitad de esas noches,
llorando por las esquinas sin nombre y sin tiempo.

Y es muy corto el instante
cuando amo ángeles
que me miman —entre labios de hombre—,
y que no huyen del espíritu mordiente
de mi destino.

El lado frágil de la existencia

He cogido uvas de la existencia
para exprimir todos sus tiempos,
sentirme noche entre su vino
y más que un día entre el beso y su inexplicable
        latitud.

Pero es débil juntar mi cuerpo entre tanta soledad de
        tierra,
decirle sí a cualquier sombra de piel primaria,
para hacerme revivir.
Entonces, me recobro en lo que parecen sueños
y poemas habitables que no terminan.

Y me desprendo en todo lo que es posible de
        heredar:
en una uva verde que no deseo,
en un temor de ventanas que no se cierran,
en esta escalera del tiempo,
que me deja peldaños sin sentir.
Y ahora, con tanto cielo manchándose en mi mano,
suelto ese silencio casi metáfora,
lo siempre prohibido,
aletargando
la seducción más frágil de mi existencia.

GRIETAS EN MI GARGANTA

Es extraña la ruta
que toma el rostro de mis presagios,
como extraño es lo pródigo de mi hastío,
cuando inventa liviandad en cada gesto,
empujándome de enigmas en cada paso.

Sin embargo, está mi otra orilla de pecados,
abriendo grietas en mi garganta.
¿De qué lado de mi fuerza estoy?
De esta intemperie de palabras,
que divagan por ser poema.

No sé, pero me ciño la inspiración con aspas,
y me voy a la calle a soltarla,
para luego beber la historia de algún cuerpo.
Entonces, entre el moho de la gente,
voy viajando en la resonancia de sus destinos,
para amar la furia que no entiendo.
Así llego donde sea,
con la mano agotada de palabras,
y al final de mi intemperie.

UNA PALABRA ES BASTANTE

A veces, me encuentro desboronando palabras
que escriben silencios en mi cuerpo.
Silencio de velas
que no me atrevo a encender,
porque alguien las apagó para siempre.
Silencio del paso que se ama
y que ya no sube memorias por la escalera.

¡Es horrible ahuyentar palabras
–por adentro y por afuera–,
y unirlas al vértigo del alma!

A esa soledad de un cigarrillo apagado,
y que me recuerda algún deseo.
Soledad de esas canciones ya fatigadas
por la incrédula voz del amor.
(Su existencia está en el lado imaginario
y más verde de mi cuarto).

Por eso, hay segundos
donde las palabras salen y salen de mi ropero
y hasta la lluvia
se enciende de imposibles
por el algodón de mi blusa.

No es ilógico,
con tanto zapato en el rincón,
que no busca huella,
ni sombra,
ni días.

Y con tanto bolso
muy cansado,
por llevar soles secretos,
por esconder
la gruesísima palabra
de un "te quiero" que jamás existió.

Así,
entre mi colección de ideas –casi ríos–,
y de unas cuantas botellas vacías,
por el secreto de mi ansiedad,
me basta de la vida
una palabra para seguir venciendo.

NECEDAD DE UNA TARDE

No sé si hay algo de Dios en cada tarde,
queriendo existir sin resignarse
ante el miedo suavísimo de la noche.

Quizás Dios da vuelta a la moneda,
sea yo ese atardecer
y la noche un mundo
buscando lunas en mi almohada.

Y así de cerca,
entre cualquier humedad a la distancia,
desde alguna soledad casi destierro,
adivino por qué
no tengo amaneceres,
ni sangre inusitada en mis poemas.

Y es que soy más que la docilidad de una letra
amaneciendo entre tanta gente.
Soy esa necedad de tarde,
que no quiere anochecer.
Soy un golpe de asombros...

La puerta

La puerta no tiene verdades.
¿Por qué, entonces,
ella nace quieta en cada interrogante de mi casa…
si cuando entro
se muere el alba de los ayeres?
¿Puede la puerta herirse de amor
por el canto de los olvidos?
Puede, azulmente, por mi silencio…

La puerta no tiene verdades,
solo palabras estrellándose en la quietud.
Detrás de una puerta,
espero el tiempo de un niño
jugando a todas las edades.
Porque, muy detrás,
los cuerpos se esconden,
sumándose a sí mismos,
un ruido de besos.
Así son todas las puertas,
rompiéndose de verde,
en lo brutal de mis verdades.

Línea interminable

A Marce y Orie, amigas en la lluvia infinita de mi infancia

¿En dónde está la niña que pintaba
amplios fuegos en su silencio?
¿A dónde ha ido
la que jugaba de lluvia
con su moneda de instantes,
la que golpeaba lo invisible
para que el mar tuviera tan solo un movimiento?

¿Es que ha vivido ella con el ritmo de su alma
o ha sido la jinete asustada
que domina el potro de sus propios sueños?

¿Acaso busca en el patio,
la hierba primaria de sus pasos?
¡Ahí está! rodeando con poemas
ese tronco tardío del guayabo.

¡La veo mezclándose de palabras,
—escondida de mí misma—
para que no la haga crecer,
para decirme que no,
para decirme que la infancia
nos marca una línea interminable
que no se puede repetir!

EL SOPLO

Yo quisiera encontrar un soplo
cuando me duele la vida,
porque el aire arremolina mi piel
desmoronada por un beso,
se lleva todos los nombres perdidos
y las cenizas que, una vez,
fueron llamas en un abrazo.

Yo imagino ser
la canción de un soplo
y mecer las palabras para que me duerman,
porque espero una pausa
que borre para siempre
la sed de mi historia
y cualquier soplo
que me dibuje entera
en los cuadernos del tiempo.

SUEÑOS DE CELOFÁN

Detrás del silencio,
miré la luna agitada
pintando de cielomar mi piel.

Yo quería enumerarle a Dios
cada hueso de celofán
de tanto niño hambriento,
pero entendí
que solo soy una pared de negro instante,
o tan solo un lápiz
que se escribe
y se borra en el tiempo.

La llovizna de tus pies

A la nota musical de mi madre

Alguien le robó a la música
todos sus pasos.
Alguien matiza colores en los fonemas,
convirtiéndolo todo en mujer.

¿Qué hace esa sombra tan resonante,
zapateando presagios
al compás desmedido del sol?

Es propio saberlo,
porque ella es tan cómplice
como todas las lunas
que sueñan bailar
con lloviznas en los pies.
Ella es un laberinto sonoro
donde las estrellas, por piedad,
se dejan perder.
No puede ser otra,
fue ella la que robó
el –do, re, mi– de los trigales,
de las campanas,
de las poesías…
porque ella es, en mis poemas,
todo lo livianamente "azul".

Sembradío de tu tierra

A mi padre, mi pequeño Gran hombre en su transparencia

Si en el vuelo de tus ojos me vi al nacer,
¿Dónde está el paradigma ansioso de aquel día?
...que espero, volátil, en el recuerdo.

Aún tu mano pellizca mi temor nocturno,
la siento ahí, derribada en trozos,
acariciándome,
sujetando las horas para que duerma.
Y yo, como tarde fácilmente confundida,
te espero,
porque eres mi noche.

Y fui indudablemente destino
en la frase de tu cuerpo.
Crecí tan cercana a tu memoria,
transfigurándome en tu sembradío.
¡Cuán satisfecho besaste el grano
entre risas de medialuna!
Que lo que fuiste, horizontalmente,
en todo lo verde,
seguirá existiendo.
Ahora veo tu sombra sumergida en mi ansia
y ese día en que murió,
tu aroma de árbol cercano.

Entre cal y adobe

La casa es prisionera por tu historia, abuela.
Desatas de tu mano, los hilos de mi instante,
los que me amarran indefinidamente a tu vida,
a esa vida de agua dulce que es tu casa.

Se abrió un paréntesis cuando nacieron tus hijos,
que es casi marisma en el adobe de esas paredes.

Ahora, tus nietos la pintan con la cal de sus interrogantes.
¿Dónde quedarán las hojas de tus besos,
ese aroma casi caricia del pan,
y ese arroz tan fresco de sentimiento…
si algún día te vas, abuela?

¿Podré sentir
toda el aura inquieta de tu sombra
o quedarás en mis manos para olerte?

La casa se entretejerá de asombros,
cuando la puerta cierre indefinidamente…
el día que tú no la abras más.

Agua, tierra
y fuego que nunca se enturbia
(2000)

MEMORIA DE LAS SOMBRAS

I

Alguien teme el intacto salvajismo de sus pies
señalándolo en la legítima trinchera
de los "otros".
La esencia de las voces se dispersa
en la marcha codiciosa del olvido.

II

¿Ahora, quién te nombra extranjero de universos,
impostor de mar con otra arena,
insecto sin memoria
limitando las orillas de su polen?

Yo lo afirmo, yo,
por la hoguera imperdonable de las sombras.

México
NUESTRA ÚLTIMA DANZA

> *Una danza te espera sobre el aire del Istmo cuando ya no tus pies, tu cuerpo,*
> *mueva rítmico, su monolito oscuro sobre el tiempo.*
> *¡Que mis palabras dancen, para loar tu nombre!*
> RAÚL LEIVA

El niño otomí llora pedacitos de quetzales.
Yo quisiera borrarle el tatuaje de la conquista
y esparcir huellas Montezuma
en la veladora de sus miedos.

Aún, el nahua sigue despierto
con las armas machacándose en los ojos.
Las cunas no cesan de morir
por la ondulación del sobresalto
y eso que llaman raza.

No te pongas arcabuces
en tu penacho de vergüenza y pluma
o una ciudad promiscua en la piel,
que la tierra no distingue ritos en la sepultura,
ni mentiras en los huesos,
ni en los girasoles.

Hay tantos junios en "Aguas blancas"
y su masacre
donde las letras explotan
los índices del jade
y siempre nos escriben ignorando
los golpes de la maraca invadida.

No los dejemos morir
por el vaho militar e insurrecto,
ni por el plomo y su enredadera
en los nacientes de Chiapas,
que las mujeres están perdiendo
su sexo en la flecha
y su vientre
en la pradera abusada de otros miedos.
¡Aire, regrésanos el grito!
¡Será mi única voz en esta danza!

Guatemala
LOS DESPLAZOS DE LA MEMORIA

No acabarán mis flores,
no cesarán mis cantos.
Yo cantor los elevo,
se reparten, se esparcen.
Aun cuando las flores
se marchitan y amarillecen,
serán llevadas allá
al interior de la casa,
del ave de pumas de oro.

Netzahualcóyoti

El exil sigue desfigurándose
en los ojos mayas
y sus hilos no temen morir.

Hay una voz y es de todos,
la que detiene el sol de las guerrillas
y apela desigualdad en su universo.

Y es que no hay vergüenza en la azucena
cuando quiere llorar
la violación de su jardín.

¿Quién puede llamar mentira
al aire de las sangres,
si aún nos golpea la burla y su corriente?
¡Ah …rabieta de ladinos!
Cómo desconocen la piel ocre de su alma
y la holladura de barro
más que dueña de sus huesos.

¡Agitémonos en barro y tempestad
contra políticas en su rotura callejera!
Que la paz es solo un voto en los azules,
un libro desgarrándose en la mayoría
y un maíz con tentativa de nacer
en todas las mesas.

El Salvador
CUSCUTLÁN

> *Pipiles como errante*
> *arquitectura leve*
> *de la tierra que pasa...*
> LAUREANO ALBÁN

¡Aquino!
Devuelve tu espíritu relegado
a la piedra asustadiza de los hombres,
que no se enturbie
tu cenzontle en el alma
y la tierra desprendida en los pipiles.

¡Despierta a todos los que ignoran
lo cobrizo de su muerte
y aran la vida entre zanjas
con destino y pánico!

Aún, el gallo canta todos los tiempos del fuego:
Tus aires de rebelión hilada,
tu lengua desatando los dedos del Lempa
y tu espalda y sus peñascos
retando a Chinchontepec.
¡Aquino!
A la virgen no le preocupó tu juego
y su corona de impotencias,
ni a mí,
tu mestizo aletargado
adiestrándose en este poema:
solo me asusta

la derrota continua en tus huesos
y aún, seguir nosotros
como esfinges derrotadas.

Nicaragua
EL GÜEGÜENSE

Pongámonos las máscaras
del Macho Ratón
sin la vergüenza del maíz
en nuestra sangre,
que nada detenga los pasos de agua
y dancemos,
dancemos con resistencia
ante el último sol.

Indomables serán los soplos
con su golpe risueño,
que nuestra caña en los pies los asuste
en el resquicio de su culpa.

Los brincos no se someterán al aire
ni los sietes reinos al llanto de sus fuegos,
que nos quiten los nacientes disfrazados de oro
y nunca la divinidad en nuestras pieles.

¡Dancemos hasta que la burla de la eternidad acabe!

Nicaragua
El Dorado

> (Mi estancia en un cementerio indígena chibcha
> en el norte de Nicaragua)

Anduve con el trueno de tus siglos y sus muertos
hasta residir en la leve marca de la espina,
prometiéndote volver.

Es que no he partido
con ese sol –casi ilegal– entre las ramas
y tantas voces huyendo
al vacío de mi perpetuidad.

Escucho aún,
al Dios de mis palabras nocturnas
luchando
contra las piedras subconscientes de Almuc.

El tigre te sigue acampando
cerquísima a los miedos
y pongo ofrendas en las jícaras
donde sus rugidos de hombre
no te logren despertar.

¡Que se cumplan las promesas a la danta
con su lentitud de historias
escribiendo las mías en su sombra!
Siempre
y digo siempre
volveré en la otra sepultura del espíritu
a encontrarme con tu Luna.

Costa Rica
UXARRACI

Te encuentro en la estancia del milagro,
en los alardes del frío
con la caña doblegada de los templos
y el carbón dibujándose en las sombras.

No sé cómo,
pero siento a Guarco
con su red golpeada de invasiones,
el zaíno huyendo hacia el siglo de las aguas,
de los soles y su guerra de silencios.

Te recibo con todas las garras de la aurora,
con el pejibaye heredándome la espina,
con esta hiel desbordada
en el panal de los temores.

Aquí,
con esta mano y su tiempo de batalla,
te recibo,
defendiéndote aún con los cuchillos de mi boca,
con Orosi y sus palmas anudándose a mi pierna,
con el oro de la rabia
y el mastate deshilando los milenios.

Me desprendo de mí misma,
del espíritu de Vásquez,
de la historia que te observa
como el aire en fuga
de otras huellas,
como ruina invasora de otros dioses.

Costa Rica
SULÁYABI

(Cosmogonía bribri)

No ha nacido el sol
en la altura parpadeante de mi cara,
la vida y la madera
de un principio,
me vino aglutinada en cuatro semillas de maíz.

Vine a suLáyön,
me escondí en sus cuatro ríos,
golpeando las orillas improvistas del nacer.

La profecía de mi tallo
y mi hoja guerrera se celebran;
y otra vez, vuelvo a la colina,
y veo a sibö en su ayuno
con cuatro bancos y dos ollas
celebrándome.

Al fin, nacimos con el sol
en la bajura legítima del aire
pero en el ojo izquierdo de la vida,
soy bribri.

Me esparcieron como milpa inaplazable
en medio
de la blancura de otra hierba,
siendo el rostro primerizo del suelo.

Desciendo
por la impuesta caída de la cruz,
por la ausente herencia de la cáscara
y me abrazo
a esa llanura intransigente del caimán,
del tigre y la tortuga.

¡Solo y solo nosotros
estaremos desdoblando
las aguas de suLáyön
en la textura amarilla
de todo nacimiento!

Jamás tendremos ataduras
en la complicidad
de cada amanecer,
moldeándose
a la tinaja de la muerte.

Costa Rica
LA ÚLTIMA PUNTA DE LAS VOCES

La voz del maíz ha partido
con la mancha del jaguar
y queda en los museos el metate de la culpa
profanando el soplo
de la luna teribe y sus batallas.

¡Silencio!
Que silencio, digo,
escuchemos todas las lluvias chorotegas alejadas
por las cruces absolutas del pasado.
No se domestica al aire matando al higuerón,
ni al guaimí robándole su ritual de labios.

El pizote se funde entre miedos
por los granos invasores de los rostros
y hoy, mi sangre desmentida
busca los dedos del caragra
para sobornar la mariposa brunca de los dioses.

Ahora sí,
la plegaria no te nombra "salvaje de los musgos",
ahora sí,
lanzamos indefinidamente,
la última punta de tus voces.

Panamá
NO SERÉ COMO AYER

Kuna soy
en la planta rota por la nube,
en el cobre adormecido de San Blas
golpeando pueblos con su desnudez.

Construí pilares amarillos
que no conocen
el abuso más que selva de mi piel.

Y mi entorno casi espejo,
se afila silencioso
en el alma del coco y la langosta,
perdido entre riscos y el cielo.

¡No seré como ayer!
La espina dejará su espíritu
en este saco de tiempos anudados
y la mano esconderá este día con su miedo terrestre.

Vacilarán mis molas, sí,
en el ropaje de la ceniza
y en la negrura de un hilo ausente por mis manos.

El delfín no mirará.
El ojo disperso de Kuna Yala
lo cegará con sus canoas
desenvainando sueños
en la arena dorsal del nacimiento.

Seamos la borrasca guerrera de lo absurdo.
Hundidos y golpeados
misteriosamente en esa nada.

Colombia
EL PEÑASCO DE LA GLORIA

> ...*déjennos, pues morir;*
> *déjennos ya perecer,*
> *puesto que ya nuestros dioses han muerto.*
> CANTO DE UN PUEBLO INDÍGENA AL SER DERROTADO

No me empujes a otra muerte
por la palidez
y transgresión de tu espalda,
¿qué harás con la frente montañosa
culpándose por el resto
de tanta piedra en el suicidio?

Nuestros dioses temen la locura.
La fiereza del cauce
sigue desbordándose en los miedos,
¡aún los sacrificios existen
en esta tierra de látigos!

Me ofrezco a cambio
por la sien de tu petróleo
o la mina que habita
en el abismo de tu cuello.
Tus dedos desconocen sus raíces,
Y yo, tengo la identidad de todas las manos.

No quiero tu velo absurdo
ni mayúsculas en mi piel.

Deja que mi aire
no conozca tus egos fronterizos,
deja tu culpa y sus tratados en la humedad,
deja mi espíritu U´wa
en la sombra interminable de lo verde.

¡Soy libre, suelo, peña y muerte
con un corazón en el abismo!

Ecuador
EL FASTIDIO DE LA SIERRA

Me resuelvo en ceremonia,
sin el peligro de sombras,
con las minas en el ojo
y su siglo de banderas.

Los ritmos mueren en mi sierra
con los Tetetes y Zaparos
extraviándose en los aires.

¡Ocúltame en la piel de ti mismo
y no en el museo desastrado
con su fantasmal artesanía!

Mi terraza espiritual es la última sangre,
irreversible en su derecho azul a la posteridad.

No, no destruyas esta savia de dioses
nutriéndose en las almas,
en las que tú mismo quedarás ausente,
relegado a la identidad y su ceniza
y apostando a los espíritus
que nunca vivirás
en la Fiesta del Sol.

¡Que no me dejes! —te digo—
con mis dignidades
entre las tenazas de tu alacrán
y en este poema ya casi pulverizado.

Perú
LOS HUESOS DE LA PIEDRA

Ya no nace
mi costumbre verdeagua en Manu,
el "antebrazo negro" impuso lo divino de su gas.

Mi piel dejará su espíritu
por los huesos de una carretera.

No tengo anticuerpos de azul ni de cemento,
solo la blancura intrépida de sus plagas.
Moriré por el futuro
de un auto alivianado de placer,
por la movilidad de su raíz
y su caja necia de color.

¡Ya basta de perforar sigilosamente
los dedos del alma
en su exactitud,
los sueños habituales de mi río
y los pies de mi floresta embravecida!

No podré escaparme en la azucena
sin algún límite en el aire.

No, no quiero nada
Renaciendo sin las líneas de su sombra,
ni en una botella
con absurda superstición de aceite.

¡Detente, garra insostenible de la tumba
por la que no tengo medicina!
Mi cansancio es la mandíbula del mundo
y tu silencio, lo contaminado de otro fuego.

Perú
ENTRE LA HERENCIA Y EL AIRE

No has vestigios en los aires del Cuzco,
solo los mortales inventan
un Cristo Blanco uniéndose a Saqsaywaman,
¿Dónde están las garras dominantes de los dioses
defendiéndonos en la línea imbécil
con que dividimos los espíritus?

Las piedras siguen despiertas en esta batalla
y nuestros miedos no duermen.
Hay una muerte detrás del sueño,
una piel desconociéndose al nacer,
vencida, porque sí,
en nuestra decisión de orfandad.

¡Que si las piedras hablaran
con el milagro de nuestro asombro!
Solo los aires
enmudecen las voces del inca
y hasta el cóndor aliviana plegarias
en el templo de Machupichu.

Yo desbordé
la pesadez de mi esencia aquella tarde,
cuando mis pies nacieron en la complicidad
de tanto vértigo.
¿Quién me dice que no pude volar,
si hasta susurré canciones andinas con las alpacas!

Nadie ha muerto aquí,
hasta yo misma encontré mi eternidad.

Bolivia
LA MUJER DEL CAMPO

La espalda del siglo
nace en tu aguayo, mujer.

El espino de tus horas
asciende y desciende su tiwanakota
en ese vientre de cerca,
algarrobo y paja.

Toda la lentitud se ensancha
en tus pies de incansable hortaliza.

Y más adentro,
con tu pollera de celaje asustado,
revientas hasta desboronar el altiplano paceño
en voces trenzadas de ocre y corral.

Pero la malicia del libro,
te hace leer con la hoja académica de un tronco,
te enloquece los junios y las frutas del brasero
hasta invadir la presencia del humus
en los sueños empedrados de tu pared.

¿Qué harás con toda esa letra callejera de ventanas,
sin chukupis atrapando brujas
en el limitado rancho de tantos miedos?
¿Acaso la nueva techumbre
golpeará con la cruz del aire
tus jubones de tantas memorias desterradas?

Serás como siempre.
Lo serás:
un retrato invencible de tejidos oscuros
en la palma,
la vértebra incaica de un cometa sutil
y la planicie en todas sus formas de eternidad y grito.

Chile
EN LA LÍNEA AUSENTE DE LA TIERRA

Del espíritu mapuche…para aquellos que se desconocen.

En la danza del dolor
ha caído tu boca
y los pasos de la herencia suplican todas sus lenguas.
Obtén la posibilidad de sentir lo cobre
en la pregunta de la piel,
el desgarre por la otredad del sacrificio
en la herida Pewenche de Ralco Lepoy.

¡Descúbreme en el soplo mestizo de tu cuello
y siente el sostén de la sangre relegada
a ese racismo serenamente rojo!

No te amoldes prontísimo
a la lagartija devaluada de esos campos,
ni al calor del más allá crucificándose.

Mis dedos y otros tantos,
se borran en el último milagro,
me escriben en la agresividad del ojo,
y te anudan en los puntos cardinales del siglo.

¿De qué te sirven los fundos
con su nieve disipada a la costumbre,
si tu enfermedad tiene celestes sin nacer del agua?

Devuelve tu ofrenda a los vitrales del winka
por esta realidad alivianándose
en la carcajada del subsuelo.

Siente todo el destrozo
en la luna ascendente de las almas
y su sed trasgredida
y con todo ese desgaste de plegaria
en su liquidez guerrera de eternidad.

¡Aviéntate, espíritu huérfano del incendio!

Un octubre desprendido

> *...a los nuevos poetas de América...*
> *Toquen ellos infierno, este pasado*
> *que aplastó los diamantes, y defiendan*
> *los mundos cereales de su canto,*
> *lo que nació en el árbol del martirio.*
> PABLO NERUDA

Marchemos con la nube
en el tronco de la memoria
y tantas hojas desgarradas,
que este día no se llamará octubre
en el encuentro de los soles divergentes.

No hay puntos luminosos en Quetzalcóatl
con su pluma de rebeldías
y su serpiente en los tactos del hombre.

Aún Viracocha vuelve en el humus sereno
y su coca —disgregada de cielos—
nos envía al tiempo sin cadenas.

Y con el cero asombrado de su ciencia,
Kukulkán va desheredándonos el alma
y nos hace árbol y universo
en este último octubre de desgracias.

Vamos...
despojemos el fanatismo en las piedras,
el aguardiente en lo impuesto,
jamás habrá un octubre
con la vergüenza y las cruces,

ni un Colón con su manía de lluvias
atisbando la conciencia de los aires.

Solo los castizos de amapola
devoran la fiereza en la piel
con los estigmas naciéndole
en lo rojo de su frente,
solo los castizos.

MÚLTIPLE DE LUNA

¡No hay raza en los amarillos!
El cielo colorea la tarde de espíritus
juzgando la especie
de todas las manos.
¿Por qué condenar a la luna
por sus cambios de luciérnaga?
Si hay pieles rojas
habituándose con lunas menguantes
y el tagalo respira festivo
su luna llena.

No habitan razas de azucenas en la noche.
La liturgia de la sombra
no siempre se fuga en un beso blanco
y lo negro se hace más negro
en la luna creciente del alma rociada.

¡Que no existen razas en los dioses,
ni en las piedras, ni en los huesos, que no!
La luna se inclina de indulgencia
con tan solo ser luz de laberinto y existir.

Resabios
(2007)

La amante

La amante puede llamarse fruta, flor o caracol, pero no tiene nombre. Los hierbajos soportan la luz o las tinieblas. Las aves escarban sus bulbos para arrullar su próximo nido. Todo tiene esa intención. Besar el pubis con orfandad y olor a tierra.

La amante resuena olvidos. Despojan su piel de a poquito. Desea, devora, ama ante la inutilidad y el desposeimiento. Su lengua tiene una elegía. Canta para enmudecer. Destroza el prodigio de sus miedos. Trata de ser feliz pero no lo es.

La amante puede tejer sus oportunos destrozos: el arrebato, los remolinos, el tiempo depuesto. ¡Come naranjas con tanto placer! Mueve su vientre, lo azota, y se desmaya. Tiene múltiples rutas y desagües. Se desviste de ríos, es zarigüeya. Toca la última puerta y se atreve a entrar.

La amante abraza al ritmo de Ravel. Bebe su "perfecto amor". Se encela y enturbia. Colibrí que se despunta y empalaga. Se despide solitaria. Se obstina de compartir hasta que se agota de lunas en un charco.

Ahora quiere ser amada. Se despide de lo que fue su cuerpo. Grita obscenidades al destino. Se descubre más libre que su amante. Borra la estampa con su mano y consigue reinventarse.

Resabio

La Patria tiene el resabio de tu cuerpo. Es tu bandera que se agita en la espalda finita de mi arrojo. Lo digo con el himno que ennoblece tu desnudez.

Eres la Patria que muere en los antojos burdos de mi vientre. La fiera urgida de la irreflexión. La libertad que se encarna solo cuando hacemos el amor.

¿Dónde está la piel de mi Patria sino extraviada en tu sien? Se anuda como todos los ideales entre péndulos que se derrotan por el cansancio. Ese cansancio nuestro de ni siquiera mirarnos.

Salve, Patria, la heredad de tu sexo invalidado...
de esa lengua atenazada por tus besos y los míos.

Todavía nos separan trincheras de las noches que no nacen, de esas glorias que fulminan entre camas flagelantes.

Somos Patria intimidante
besadores de la historia que se mienten y torturan...
fecundo azul de todos los despojos.

Rastreo

Mi cuerpo resuena entre dulzainas y grillos.
La luna despoja su lengua antojadiza como un reflejo de
    riachuelos que juguetean entre mis piernas.
Hay sonoridad entre mi espalda y ese desliz de arena
    donde retumba tu montaña.

¡Abre estas raíces del cedro sobre la feraz excitación
    de tu boca, y excava, solo excava...
    en ese punto donde nace el cráter!
Apunta con toda la lluvia cada charco que dejas en mi piel
y suelta los vestigios más extraños de tu exhalación.

Solo siente el místico final con el que ideamos el génesis,
no dudamos en inventarnos un sol que nos agite días y más días.
No hay renuncia, amado, en lo que no debemos ser...
una flauta que se escucha en el bosque, una lanza
irretractable que da siempre en el blanco, y dos orillas...
únicas y verticales que terminan al fin su búsqueda.

BRUMA

Seguía la bruma vacilándome
      con su olor cotidiano y persistente.
Venía hacia mí, leopardo del bosque que soñé.
Me humedeció las entrepiernas.
        Seguía su broma escurridiza en el atardecer.
        La hierba tenía el oficio de engañarme.
Lo hizo de nuevo.
          Había rugidos por la pradera que confundí con tu cuerpo.
Me senté allí a esperarte.
        El rito tenía como testigo la bruma.
Y de nuevo, el césped creció y dejé de sentirte.

CANTINELA

Después de pasar tantas lunas,
dejas un mensaje con tu nombre y un número lleno de
    ocultísimos disfraces…
¡Cómo decirte que no existen señales tuyas en mi cuerpo,
que solo emano aire en el sutil reproche de tus saqueos!

No me interesan los devaneos suaves de tu lengua,
    mientras soplabas tempestades a mi vientre.
Ya tu estribillo tiene un nombre de lirio cortado, de rosa
    liviandad cuando regresas de la calle y te mientes
    con tu espejismo de hombre —visitante noctámbulo
    de mujeres fáciles y entremezcladas—.

La acera de cualquier noche, la esquina de cualquier
    sombra… conoce el olor de tu semen desperdigado.

POSTERIDAD

Hay un pájaro que anida soles en mi cuerpo. La tarde comienza y mi boca se hace corteza en el bosque. Se posa en mi labio tu oruga de tantos vuelos. Regresan más pájaros a soltarse en mi ombligo, revolotean en la penumbra.

Por primera vez, te miro –hierba ingenua que no abrazas– y desnuda de mirarte caigo en tus manos.

Algo se mueve detrás de la sombra que dejó la noche; quizá es la memoria juguetona del árbol que sembramos juntos, o la posteridad de dos cuerpos que se enlazan y se desatan con inocultable ardor.

Desliz

Era un día… tan común como el trayecto de las nubes cuando se avecina la próxima estación. El hálito desistía de llover. Se asentaba una fuerte fragancia. Reina de la Noche… una colgadura frenética de flor arrepentida.

El agua dejó su huella en los canteros de mi jardín y tú avanzaste en la vastedad de hojas y piedras que encajaron perfectamente en mi vientre. La timidez del labio y su ascenso a todas las guaridas se revirtió en un Nuevo Edén con el ingenuo desplome de dos cuerpos.
Nos miramos en la cama revuelta y nos visitaron ciertas dudas. Los grillos entonaban la noche. La única noche y su perfecto desliz. Todo se volvió pequeñito, la vergüenza de mi sostén desatado por tus ansias, ese rebelde olor de pino mezclándose en mi cabaña, la luz intocable de tu piel desnuda y la culpa que no dejó de mirarnos.
Ya han pasado algunos años.
Cuando estoy frente al bosque… se intimidan mis culpas.
La bromelia sigue mirando hacia arriba.
Y yo te sigo mirando en ella.

Viejas postales

No es fácil amar con viejas postales en las manos sin ese
>   herbaje tibio con el que muere el soplo cotidiano
>   de noviembre. Lo sabes. No soy un ángel ni su
>   sombra arrepentida.
Despiertos deseos, me dijiste. Ahora llego como parte de la
>   noche en un exacto instante para caer en un torbellino.

Hay figuras estremecidas en mis labios, lo sé…memorias tan fuertes, lunas que se inventan y resisten ante la gravedad del alba.

También pienso: no es simple mirar con anteojos ligeros, una tarde donde no hay afán, ni rutina, ni casillas disponibles que permanezcan en mi agenda.

CHISTE ABSURDO

Anfiteatro de hombre, domador de circo...
pregonas la soberbia de animal dominante,
mujeriego que busca pubis de naranjal y senos de floración,
débil pedazo de mutante,
iluso de esposas con gusto de arrabal,
agita su jerga de amante,
toma su mano y se masturba,
no eyacula estrellas sino mira en su espejo la banalidad,
Baco impotente,
Dios de otro mundo,
atrofiante y abstraído que no conoce el amor,
macho ingenuo,
chiste absurdo,
perro que come crías,
morirás solo con tu exhalación.

RUBRICO

Debes entenderlo: mi silencio tiene un principio, como el
      génesis que golpea el furor de las aguas.
Me esquivo de mí misma, de ese ímpetu primerizo por el
      que siempre fallan los canales del deseo.
Se apacigua tu bosque... y todo lo que vive en él.
Mi follaje crece en la lentitud de una tarde lastimada, en la
continuidad de la desidia; pero crece, siempre crece para morir.

Eres una luz tensa y constante, que persigue sombras donde
hay relámpagos, aquella que se esconde traviesa cuando
buscas mis ojos para cansarlos.

No hay confusión con el mes que nos convoca, solo hay
voces subterráneas que descifran ciertos augurios,
¡despierta, amor, que el olvido descendió entre nosotros!

EXPOSICIÓN

Me invitaste una noche plena de cerraduras y corbatas,
a contemplar lienzos de puntos perfectos,
de gatos,
catres,
infancias reconstruidas y siluetas de mujeres fáciles...
a reconocer que el dolor se aspira como un cigarro
interminable de hondos laberintos, que un punto se vuelve,
a veces, dulzura o veneno.

¡Claro! hay furia con resabios de ceniza en mis ojos.

Me dije: ¿Qué mirada se vuelve implacable e inocente
mientras viva? Y callo...cuando un hombre sostiene su
frente de conquistas como si toda mujer fuese reciclable...
No sabemos quién huirá primero: si mi beso que castiga
liviandades o tu corazón suavísimo entre lluvias.
No soy el serafín de tus cuentos.
Quizás... una sombra ingenua de ave malherida, o esa
ilusoria barca que siempre recoge —estúpidamente—
      las redes viejas.
No hay diciembre ni enero...
me pertenezco a mí misma.

FIDELIDAD

Ser leal no es tan difícil.
Es como ser una "Reina de la noche", flor errática que se abre noctámbula a la tierra, que juega a destiempo con su color marfil y sus abejones de mayo.
Ser raíz que se sostiene por el arraigo de sí misma.
       Es la única lealtad.
La intrépida, la militante, la usurpadora de los miedos, la que se aferra a sus latidos porque el deseo la vence, la domina,
       la excita…
Ser leal no es tan difícil.
Solo estampa huellas sobre tu sien y otra espalda.

DIVAGACIONES

Pretendí quererte con la tibieza necesaria de mi almohada, con el aire y la memoria del bosque que llevo dentro para vivir. No se trata, habitante de calles y desolaciones de lo mucho que no tienes, sino de esas alas prodigiosas con las que no sabes volar.

Predices artificios salvajes en mi cuerpo, pero nunca estarán listos para vos.
Mis helechos tienen la fiereza delicada de habitar en campos húmedos, en troncos derribados por el miedo y, te digo, llegará sin profecías…la intrepidez del labio vencido entre los dos.

No importa el rastro que dejan tus algas.
Basta con que ames tu propio océano –hecho de ofensivas– y no te rindas entre juegos cotidianos y caballitos de mar.
¿Acaso nunca levantarás tus alas, pájaro de asombros…?
¡Levántalas, para verte volar!

GAZAPO

Este día y tu golpe equivocado
        en un parque tan usual de la autopista.
Fue el desliz –sin cerrojo ni profecía–
        que revirtió lo insostenible.
¡Desecha tus aguas
        –rehén de estaciones– para derramarme en ti!
Ya ves… hubo mañanas en las que fui yo
        quien necesitó tu navío inagotable de dulzuras.
Tuve, en mi momento,
        faros furtivos sin más luz noctámbula que tus ojos.
        Los tuve para dejarlos morir.
Una vez te dije:
Vences en mi boca,
vences en mi cuerpo.
Ya no hay altura ni fraternidad de árboles,
no tengo raíces serpentinas que juegan a crecer;
soy esa especie de hortaliza que se adhiere fuertemente
bajo la humedad de un yermo.

ESTACIÓN

Hay un cuarto húmedo y ceñido que resguarda soles bajo una cama, un motel que ciega los más ingenuos pudores. Un campo abierto donde inauguramos el fuego artificial de nuestros cuerpos.

¿Dónde está la noche, sino naciendo de tu sien?,
pregunté.
¿Dónde está el bosque prófugo y salvaje de mi sed?,
volví a preguntar.
Quizás cayó donde sucumbió tu labio. Talvez.

Ahora, te despido con este juego olvidadizo de mis ritmos, piel inconclusa del amor.

Fuiste lluvia presurosa,
habitual
y suave.
Goteaste entre mis campos. Me hiciste crecer con fogosidad...
Ahora espero olvidar con vehemencia todos esos recuerdos baratos de la luna que dejé sobre tu pecho.

Lasitud

Lo sé, mi esencia te lastimó por la inquietud del reloj y su manecilla herida. ¡Déjalo sonar!
Escucha mi palpitación y su lasitud de fuego. Solo tengo rescoldos para darte en tu péndulo llagado.

Me emancipas, noctámbulo de bares y callejuelas.
Me tienes llena de humedales y bahías.

Conteo

Mi cama tiene el ritmo perfecto, la palabra favorita que te gusta decir mientras te abrazo, o decir "te amo" y guardarte clandestinamente en mi bolsillo.

Sé que los días nos suman y nos restan, ábaco tenaz que apenas domina su conteo desesperado.

La piel tiene su fuerza. El alma juega con su ansia.
Tú y yo nos bebemos todo
en un voraz desorden que no se detiene.

Estacada

Mi arena tiene el resabio de tu piel, esa humedad ligera que llega con tu oleaje y se esconde en la última gota de mi vientre cansado.

Soy la hierba que no apresura el día, la que le basta su propia luz para reverdecer.

El árbol que sostuvo los imborrables abrazos de aquella noche conserva la redención de tu cuerpo y una sola verdad: ser libre para respirar el aire de tus bosques, salpicada de libélulas.

Este es el momento perfecto cuando sostengo la ceniza de tus ojos y la soplo, muy tenuemente…para dejarla ir.

Disímil

Es la última línea. El último punto suspensivo.
No hay príncipes aferrados a los aires, ni reinos liberados por la holganza.

Tú existes en medio de las calles con tu ritmo de refugios y baratijas.
Yo no soy más que el trazo de un dolor insostenible, que prefiere su reclusión a ocultarse en reinos fantasmas, en labios baratos y entre manos vacías.

Es la última línea. El último punto suspensivo.
Sigue jugando, niño/hombre, con caracolas y esa desordenada huida de tus mares.
¡Asume de una vez la orfandad de tu infancia!

OCTUBRE

Lo dice tu canto
Dices que la noche tiene su destino, que la gaviota vuela porque sí, con la piel deshecha del abrazo y el viento que desnuda sus incendios.
¡Descifra la palabra secreta de mi cuerpo!
Hay detalles de mi elipsis que no tomas en cuenta, la avidez inagotable de ternura, la tensión infrecuente de los cuerpos henchidos de placer.

Solo eso tengo de tu labio: la canción simulada de tus ojos, el estribillo que surge del ave a punto de volar.

Remontémonos por la ruta evasiva de la luna, por el bosque que separa nuestro arrojo, por el último peldaño del deseo que nace entre los dos.

Es octubre en mis labios. Vuelvo a buscarte en medio de tus lluvias y tu lejanía.

ALEATORIO

Una advertencia. Lo casual
        no merece fidelidad ni calendarios.
Había lluvia agitada
sobre los cuerpos.
Somos amigos...el labio es basura reciclada en un acuerdo.
hay hojas de limón y laurel
humedecidas en la cama

La holgura de una noche se reconcilia
        en una nota arrugada de papel.
el aire ya no huele a poemas.
Aparece el abrazo trajeado de disculpas, el beso en la
mejilla. La marea debe fluir.
El universo amenaza con colapsar, pero nada sucede.

Hay un corazón de chocolate que se derrite en mi lengua.
Vuela su nombre.
Volará así su recuerdo.
Y una pluma furiosa reposará para siempre en mi
almohada.

Lluvia

> ...tal como la lluvia lava una hoja limpiándola del polvo acumulado durante años,
> entonces quizás dará con esta flor extraña que el hombre siempre ha anhelado.
> KRISHNAMURTI, "Qué es el amor"

Eres mi lluvia, tan extraña en los aludes del amor,
tan sosegada, a veces, en los escondrijos de mi cuerpo.
No importa si no hay tiempo en tu caída, si esa gota
resbala sin esfuerzo para lavar mis memorias y las tuyas.
No importa si soy ese terreno
      —lleno de polvo y memorables juegos—
donde tú limpias las orillas de esa calle, sin asfaltos ni
culpas.
Limpia también tu ausencia y esas ganas insostenibles
      de olvidarme.
Encontrémonos... como esencia que siempre existe,
      como esa flor que exhala el prisma
      en nuestras aguas agitadas.
No hay apego en persistir para que siempre llueva y llueva.
Solo dame humedad en el silencio perenne del poema,
      para después —lluvia ajena de abril—
      dejarte ir cada vez que escampe.

NOCTÁMBULOS

Me complico por esta guerra tan mía entre servilletas casi invisibles, la música de Cher –al otro lado de la barra– y mi tiempo aprendiz con los mortales.
Decirte deseo es como si toda esta cerveza se intimidara por tus olvidos y sus lunas, sin menta, ni alcohol en mis cordilleras.
¡Tantos ojos en el respiro de este viento, labios escondidos detrás del humus y su sexo con vendimias!
Es mi absurdo derrotado el que jamás te nombrará deseo.

Nos perseguimos como aroma, solazando temores en medio de rebeldes botellas.
Trasnocho, amor, en esta espuma –disipada e intermitente– para perder definitivamente tus huellas.

BOSCAJE

El corazón es un bosque nuboso,
diverso,
profundo,
húmedo,
con nubes transitorias, una altitud rodeada de todos los verdes silenciosos y un ramaje buscando su propia luz.

El cuerpo es una isla boscosa que ama lianas y bromelias.
Y es que el amado sueña su ausencia como el fragmento protegido, como una región pantanosa, un ave casual y extraña.
No hay pesar en la ruta del amado, solo será una especie natural por la coyuntura del instante.
 Y se portará digno,
travieso,
sobreviviente vegetal del miedo,
epífita arrogante de todos los incendios que lo azotan...

Yo te auguro, amor...
que conocerás todas las fierezas del bosque nuboso.

Cavernícola

Te he llamado entre mi soledad y su aire: la música de Billie Holiday.
La clave absurda de una tarjeta telefónica y mi promoción de alma en baratillo.
No decido relegar tu cabellera de gitano, aunque lo casual no tenga otro sentido que mirar lunas en el sexo que no se parecen a ti.
¿Cómo ignorar tus semillas de girasol sembrándose en mi muslo, y esa octava palabra que le dijiste a mi razón confundida?
Todo se enturbia hasta la fuga disimulada de ese pedazo de nieve derretido y que se deshace en mi vientre.
¿Cuál es la duda de envejecer el tallo sin revelar su nacimiento?

HUMEDAL

Siéntate, amor, y no apures esta rebeldía nocturna en mi cuerpo... que aún hay humedales desbordándose en mi labio. Deja a un lado ese café con el que amarras la rutina de solo mirarnos...
Yo te conjuro con la potestad del deseo fundirnos con la savia del bosque y con la venganza del abrazo. Anímame, amor, a caminar por lugares oscuros. Arriesguemos esta luz —tuya y mía— tan amante de la luna, sin importar si nuestros cuerpos navegan etéreos y desnudos.
Juguemos en la madrugada de nuestros muslos.
No temo herir el antojo, aunque tu sombra se haya marchado. ¡Abre tu camisa! siente cómo la piel tiene su propia pulsación...
Mi enagua está suelta, amor, ya es hora de tender nuestros egos para habituarnos a este éxodo libre de culpas. De prisa; pensarlo convierte a la tarde en un peñasco solitario, pero vivirlo es un alba de lloviznas, frescas y constantes.

EXTRAVÍO DE LOS CUERPOS

Mira cómo me veo. La raíz del cielo tiene espacios anchos para soñar y los cuerpos tan solo son vertientes fugitivas, aguas que confluyen al vacío.
Estamos dispuestos a morir por lo delgado de la ola sin importar el desgarre primitivo de nuestra existencia.

La soledad no mide líneas en el vacío –lo dice mi corazón.
No corrige ortografía bajo las sombras.
La soledad escribe silencios que se alejan del cuerpo.
Lloro junto a ella y con el ojo voluble con el que siempre nos miran.

Pero la otra belleza, la imagen retorcida de la nube, llega a ser tempestad, aunque no exista, llega a humear cenizas a nuestro propio rechazo. Pero jamás será amor, ni esencia más allá de la sangre.

¡Cuidado! Nuestro ropaje es estrecho. Se teje lo que somos en los delirios mudos de una piel.

Concreto bajo la piel

Abunda ligereza y concreto bajo la piel.
Ana dibuja margaritas en una que otra solicitud.
Se pinta abecedarios en el cuerpo
        como una letra más en el vacío.
Sigue durmiendo con la vida entreabierta,
el bolsillo lleno de artificios,
de alhajas baratas y su refresco dietético.
Se vuelve digna de besar
        —mujer de labios inyectados—
y agarra en su mano aquellos sueños
        que no se sostienen en la metrópolis del ser.
Ahora lo que eres,
no es suficiente,
se debe fingir la asunción de ti misma
        como una nueva Diosa o
        como una pieza bastarda del rompecabezas.
A nadie le importa ya amarrarse a la rutina
        con la luz extraviada de otro universo...

EL AMOR NO ES CUESTIÓN DE PESO

Amo a pesar de esas novelas rufianescas
donde los feos y las gordas se ganan su derecho de amar.

El amor no es cuestión de peso ni de caritas Max Factor.
Lo trascendente al navegar no es… si tus navíos son
anchos o afinados sino que manejes con astucia la
oscilación del mar.

Amo a pesar del baratillo de las seducciones que aman esos
ojos de verde contacto o la boquita sumisa y remingona.

El amor retorna las siluetas que solo pesan en el abrazo, lo
demás se vuelve fragilidad acurrucada en mi hombro.

La ternura jamás será reemplazo ni deshecho.

El cuarto de noche

Ella duerme difícilmente con la brigada de las dosis, la copa de vino o un vaso caliente de leche. Los perros ladran su infortunio.

La noche se acompaña de todas sus visiones: los disfraces de su infancia, sus deseos reprimidos, y el dolor que invariablemente esgrime en su cuerpo.

Ella es la otra que teme denunciarse.

Decirse libélula,

liberada,

libertina.

Los límites se interponen por una ventana rota. Mira más allá de donde no se atreve. Cierra sus miedos hasta que descienden por una cuadrícula de colores. El cuarto de noche es un cubo laberíntico donde jamás se volvió a rezar. No despierta porque no duerme. Conoce los abruptos vuelos del murciélago. Ella se vuelve flor insomne, ladrido que se agota cada día, en cada mañana.

LECCIONES

Llegó el poeta enunciando cielos y árboles amarillos.

Entretanto, mi bosque era un fragmento de memoria, un ramaje en busca de su propio albor. Su silencio es el mismo de años atrás.
De pronto –recordé– la osadía existencial de las bromelias y de la luna en mi charquito de agua.
Hay una oruga de papillo arrastrándose en el anís de lo que fue mi jardín. Sin alas, no puede volar. Escucho un coro de pericos. Para entonces, su poema del cielo tiene la rutina de revertirse en mariposas.

Llegó el poeta y me regaló Buenos Aires Tour de María Negroni.

Fuga, desconcierto, una parada de bus, una vía de parque y templo en un pueblo de Desamparados. Está, pero no es. Vuela como un Dios dominante en todas las anchuras. Es un poema de soledad y no lo sabe. He leído esa furia de volcanes. Puede ser que ame demasiado y confunda ciertas palabras… o simplemente es peregrino del polen. Solo sé que le gusta el bosque.
Mi viaje con Negroni pudo más que la noche. Todo se volvió razonable, mi mirada y el césped lleno de luminosidad, por la lluvia. De nuevo el asombro por la hora que no acaba. Todos aplaudimos al poeta. En mi viaje, hay multitud de pájaros.

Llegó el poeta y me enseñó cómo reinventar el otoño.

Sé que mi hija sueña con un venado de cola blanca. Aún no sabe contar sus sueños. Los persigue con la misma ingenuidad con la que yo la inventé.
Nos ideamos antes que Dios y el azar nos sueñe. Solo el poeta tiene la virtud de no conocer su dominio; agua que no tiene cauce en el grifo de mi lavadero. Ahora, tengo un bosque de árboles amarillos al lado de mi ventana.

Espectros

Todo era oscuro, apagado y esquivo. La almohada y mi cabeza se aferraban, con temor. Los cuentos más temibles ronroneaban. La negritud dominaba cada esquina de mis miedos.
Sumergía mi cuerpo,
canoa,
arrecife,
tormenta.

Cuidadosamente, aprisionaba cada ángulo de mis cobijas por debajo del colchón con esa tirantez flameante de una bandera en proa.
De niña, solía esperar al silencio, pero nunca lo vi llegar.

Las sombras tomaban formas serpenteadas entre las cortinas. Los párpados entrecerraban su cansancio. La rutina noctámbula se veía llegar.

Espantajos,
desvaríos,
rudimentos
y más.

La única consolidación… la mano de mi padre y su olor a mar. La caricia llena de oleajes balsámicos sobre mi frente impasible.
Voz de caracola contándome historias interminables que calaban en la hondonada de mis arrecifes.
Mi padre, Dios insomne de todas mis noches.

OTRO

Lo sigo mirando como miro todas las cosas. Su cuerpo, rastro de un arco subyugado. Su vista se paraliza ante una de las grietas absurdas del escaño. Ni siquiera permite que el parpadeo le suministre aliento.
Estoy de frente y no me nota. Con solo contemplarlo, ya lo conozco.
Garúa,
desazón,
temple.
Él no me conoce porque no me ha mirado. Si alzara su vista, él quizás me entendería. Observo la ruta desviada de sus ojos. Son las tres de la tarde. El parque nos hospeda con el descaro de diciembre. El viento nos vuelve pesarosos.
Árbol,
pájaro,
dos sombras,
hoja volátil jugueteando en el cemento.
Lo sigo mirando. Me recuerda tanto lo que soy que me da miedo. Desearía huir, pero no puedo.
Gacela,
desierto,
presa adormilada.
Lo miro y sigo recordando tantas cosas. La osadía de bajar la vista al mundo. Tanta anarquía, la misma de mi alma frente a una realidad que no entiendo. La luz hace su juego interminable en la calzada. La tarde nos atrapa en su rabieta. Los dos huimos de la próxima hora… ese aliento cotidiano e infatigable de siempre mirarse solos.

DESHOJE

Mi mente, castillo habitado por duendes y hadas.
Un día llegó una bruja y usurpó mis cristales, arrebató mi tesoro con ademanes insólitos y trémulos.
Me enseñó a sentir cosas extrañas con su varita de malos presagios.
Mi castillo empezaba a desplomarse, a sentir la simplicidad desaparecida.
Otros monstruos vinieron en su apoyo. El pecado, nombre peregrino que recuerdo, fue la entrada de honor a mis murallas. Las madrugadas se volvieron insostenibles. De cuclillas, casi adormitada, susurré a mis padres una profecía: el derrumbe doloroso de mi fuerte.

El miedo apareció incendiado de rabia y rasgué con mi boca las cortinas que cubrían el ropero... mordía, mordía tan fuerte para arrancarme todo.
Piel,
borona,
barreduras.
Las escamas de mis ojos se cayeron. La inocencia tuvo otro nombre. Las muñecas desde entonces jugaron a papá y mamá. Nunca encontré mis siete años.

CONVICCIÓN

La fe me nació en medio de un naranjal.
La osadía de sentirme parte selectiva de los Dioses.
Ventosas,
relámpagos
y la hamaca inquieta de mi jardín.

Luego, mi fe sucumbió en medio de una huerta. Fue custodiada por los hombres. Yo no entendía, en esta minúscula mente guerrillera, por qué a unos se les da y a otros se les quita desde su no-nacimiento. Lo tenía todo y a esa edad no lo consideraba justo.

Me miro aún, en esos ojos desterrados, buscando escondites
        e inventándome...
lluvia,
paradigma de los soles,
luz donde nunca habrá.

Nocturno

Nos hallamos en cuevas nocturnas. Nacimos guillotinando el cordón umbilical para despegarnos de la eternidad.
La muerte tiene alas azules. No sobreviene de repente... No es aguacero o brizna. Habitamos para morir un poco todos los días.

"Lázaro, sal de tu cueva"

Somos un Lázaro que siempre regresa, ceniza que desconoce si voló como pájaro o si recitará poemas entre los muertos. La bóveda de mi padre siempre tiene flores.

"Lázaro ha estado muerto cuatro días"

Seguimos como si estuviéramos vivos, como si recorriéramos un tren sin estaciones. Este éxodo quizás inicia en la vecindad de una matriz, en esa partícula festiva de la encarnación o de la divinidad.
Se inicia sin importar donde termina, si la luz perece o resucita cada día.

¡Lázaro, sal de tu sepulcro!

Tal vez haya continuidad y sembremos maleza en la heredad de otros suelos. Tal vez somos una gaviota que danza su existencia como si supiera qué es la vida o, simplemente, que la muerte es la fe disfrazada, el color que existe y nunca se inventa.

¡Lázaro, sal de tu muerte!

La piel sabe que su tiempo termina…que debe esconderse de nuevo en la posteridad. Al fin y al cabo, la muerte es una idea para doblar y arrugar los sueños, según nuestra fragilidad y bajo ese contraste juguetón de los opuestos.

Jesús lloró ante la muchedumbre.

Cuando entendemos qué es la vida, la muerte desaparece. No hay llanto para lo que nunca se ha perdido. Alguien enciende una vela para imaginar la muerte. Hay un canto unísono a Krishna, a Buda, a Mahoma.

Y Lázaro resucita.

A MEDIO MAR

I

Soy mar, caudal vertiginoso. Desafiante agua frente a ríos...
mordaces,
subterráneos,
aleatorios,
naturales,
sin carácter,
persistentes,
dóciles,
labios llenos de sal que arrastran borrascas con memorias inútiles o trozos de madera que disimulan culpas.

He hallado islas flotantes con sus cuerpos etéreos, llenos de treguas prodigiosas y sexuales, apilados entre las rocas como si fuesen
un faro de luz,
inmutable,
meritorio,
y moderado.
Pero son una simple marea subyugada por la luna de sus ansias, una ligera brisa que no reposa en la memoria de los aires, un oleaje que se dispersa entre la oscilación de la arena y deja una que otra oquedad de espuma.

II

Soy mar, cuerpo frenético, tómbolo henchido de dunas penitentes y esquivas...
Tengo el perfil bravío de las proas en mi piel, cuestionándose si es mejor ser olvido o una frívola estela entre las rocas...
Tengo sed de naufragio, de proclamas y tormentas; no hay anclas que perduren sin delirios...

Me visitan gaviotas,
tesoros renunciados,
aromas salinos,
conciliación,
profundidad,
intrepidez,
un universo del alma,
otro paisaje del cuerpo
y ecos de mi propia mudez.
Mi océano siempre fluye.
Dejá que las corrientes se vayan.

Bulimia

Prometo...
por ese vestido rojo, talla 12, volverme deshuesada y popular, vaciar toda mi poesía porque ya a nadie le importan las palabras, modelar todos esos cuerpos efímeros para que la risa tenga su mejor cirugía.
Enamorarme a la light, decirle al amor que solo tengo forma, que mi corazón está a dieta, y mis besos no tienen azúcar.
Vender mi orgullo a un esposo adinerado por tenerme como su mejor posesión, y mostrarme en impetuosos Spas, en autos de lujo y con ropa de marca.

Propongo...
ganar un empleo por mis curvas tempestivas y frontales, volverme estúpida por el adorno académico de una buena cintura, y una maestría en docencia sexual.
Ser como todos los demás, una raza aria rechazando toda etnia de la gordura, humillar la flacidez con tiendas XXXL, porque amenazan con el prototipo mundial.
Y amenazo...con morir macilenta, con el alma delgada, pretenciosa por ser nadie, y con menos ceniza que otros.

SEVICIA

Mujer de tallo lastimado,
cuerpo adolorido y desnudo.
La sábana se desgarra,
se desgarra todo su vientre,
una mirada,
los silencios,
el miedo
 y el golpe de la muerte.

FÁBULA

Parte de mi historia es vivir en el final de algunas fábulas que no tienen sentido.
...dividirme el cuerpo, como si fuera tan fácil, multiplicar las raíces de la piel como un juego matemático.
Por eso, no entiendo por qué las líneas distancian y los muros se vuelven piezas abstractas: artesanía seglar de la historia. Si todo es tan simple como el bostezo de mi gato que no distingue reglas, y solo disfruta la noche desde una albardilla extraña,

¡que caigan todos los nuevos muros:
esos egos   de la lengua,
el ladrillo "light'"   de la piel,
la pertenencia   de sentirse desarrollados,
la moneda que cree   no tener dobleces,
la seguridad militar   de nunca ser atacados,
las manos tecnológicas...   como si superaran tu propio ser!

Por eso repito: parte de mi historia es vivir en el final de algunas fábulas que no tienen sentido.

El don del Nilo

Soy como la tierra negra del Nilo, solitaria, llena de fango, inaccesible —maldita sea— por otro lado, soy como su tierra roja,
fértil,
pasmosa,
                    de madera suave...
un contraste de existencia y partida.
¿Puede más la bajante de río destrozándolo todo... que la extrema dolencia de verse subyugada?

Hasta la dulzura tiene su labio caído, una voz siempre abusada —cínico miedo—, omito la grandeza, el arrojo de esa lluvia que arrasa indisoluble la ley del más fuerte. No pueden, no —ni yo misma— concretar cómo soy.
Eso lo decidirá el musgo de la muerte y lo absurdo de la vida.

INÉDITO

Siempre quise alumbrar entre luciérnagas, habitar la noche ante los pasos del miedo, e inventar que la muerte jamás me hallaría... pero al crecer, mi padre dejó de contarme cuentos.

Siempre quise dibujarme en un castillo, montar el corcel de mi amado salvándome de todos los destierros y, entonces, pensar que el amor sería para siempre... pero solo encontré piratas en barcos vacilantes.

Siempre tuve sueños –globos sin amarras–, un vuelo entre pasadizos mágicos que desnudaban imposibles, pero siendo aún una niña, se agrietó mi raíz y vivo escrita sin reveses en este libro inmutable del dolor.

Siempre quise responder todas las preguntas, yacer como Juana de Arco –impetuosa flecha–, una espina más que soporta el miedo, pero a un paso de creerme todo, mi fe rebotó como una esfera de golf llena de agujeros y sin rumbo.

Pero Dios –que se inventa a sí mismo– me improvisa un nombre: piel de asombros, verbo que transita lujuria y devoción. Hay latidos que se denuncian míos, tan eternos, y sutiles.
Y ese es mi único logro... que me llamen poeta.

GÉNESIS DE LA PIEDRA

¿Qué veo en la piedra que me da tanta envidia?
El silencio de adornarse resuelta ante las líneas del Sol, sin la advertencia de ese vértigo con que sucumbe la muerte, o quizás la piedra sea una sílaba del aire y forma voces para jamás oírlas.
Así nace la ironía en los poemas…

GUERRILLERA DEL AGUA

Dios tiene ojos extraños que se ciegan o lo miran todo.
Una vez...de puerta en puerta entre las calles de Managua y el Mercado Oriental, yo prediqué a los patriotas caídos, a las lenguas desprendidas, a los sueños postrados...que el Mesías no había muerto.
Sudarios, vejigas, cobriza manera de incendiar más soles.

Y el agua se escurría de mis manos...

Mis labios –reclusos de polvo– repatriaban historias y piel de telarañas. Me sentí redimida... como si los sacrificios costearan escaleras al Cielo.
Ahora, la culpa se escurre de mis manos –mujer de fe doblegada–...
Mis ojos también se volvieron extraños, jadeantes de todas las miserias, de tierras relegadas, de esa verdad que me tragué tantas veces por creerlo todo.

Ya sé que el dolor nace –aquí o allá– y al final de todo.
Ahora, soy cascajo, diosa humana –irreverente al verbo– para desprender el color de mis creencias y volver a inventarme.

A VECES

Miré en el jardín de una casa extraña: la imagen de un diminuto bosque tan exacto como el recuerdo de mi primer poema. Aquel sentido en la palma ansiosa de mis siete años.

Había olvidado el olor de la poesía:
el zacate recién cortado y su juego de nieve;
el aura sigilosa de esos caminos rodeados del bambú en donde oculté mis tesoros;
la altivez que sostuve cada vez que trepaba las ramas del cas y del guayabo;
la idea de habitar mis sueños en una casa de árbol, escondite donde bailaba a los dioses recitándoles promesas para que lloviera.

Y cuando ese asomo chistoso de la garúa se asomaba, me dormía escuchándola en el galerón que una vez mi padre construyó como resguardo de tanto soplo disidente.
Aún surge el letargo que siempre busqué sentada en el tronco de pino en donde le recité a la hormiga mis sueños solitarios y me miré como topo atravesando castillos subterráneos. Es la misma tristeza que ahora busco dondequiera.

A veces hay vislumbres –sin rimas ni metáforas– convertidas en poemas gloriosamente vividos.

RUTA

Esto de vivir en la ruta globalizada del alma es más que despertar en las sábanas inflexibles del día. Es viajar sin conjuros a la muerte para dejar de inferir en lo eterno y descobijar el silencio de nuestra boca amurallada, arrebatando fríos cercanos al miedo.
Hay tantos signos de vidas inconclusas, de líneas que nuestra aurora no atraviesa, y nos miramos perplejos entre flores cortadas por sueños que temen nacer.

Esto de vivir como un niño asustado –jugando sin reveses– es tan revocable en la burla del mundo, que no tengo aplausos de color. Y damos vuelta a la continuidad del cielo, regando oraciones vagas que habitualmente nos hacen revivir.

¡No es justo perderlo todo!
Sepultar lo rústico del alma,
        amar con la nocividad del trueno.
Y, sobre todo,
        disponer el cuerpo a la intemperie de un abrazo,
confundidamente sola.

Poetas malditos

Rimbaud destroza grietas malignas con su ángel de ridículos, como si de eso se tratara la vida. La retórica sigue su curso de siglos... y en este juego de ironía, de fórmulas New Age, ya ni sé si la maldición es la palabra o el poeta.

Puedo ser perversa, casta, irreverente, con el grito de rasgar lo que nadie se atreve...
Aún me confunde el verso. El pudor de cualquiera que lo araña debe ser digno de llamarse poeta.

NADAÍSTAS

Mido 1.76 en verano y 1.78 en invierno...
a veces, cuando no tengo qué pensar,
mido por kilómetros la angustia y la inutilidad de vivir...
De noche, cuando la ciudad duerme, me provoca asaltar a los ciudadanos, abofetearles
y gritarles que van a morir y que desocupen la soledad, esos dominios de la poesía en
los que me paseo como un emperador.
DARÍO LEMOS

Ya no importa ser profeta, escultor neurótico de la vida o farsante de recetas literarias.
¡Qué importa si nos sabe a cisne o musa, a cuerpo agitado de orgasmos,
a rock putrefacto,
a beso de tornillo,
a irreverencia o simplicidad!

El dadaísta –luz lánguida e inconforme–, se llena de hálitos extraños, ácida desfachatez entre sus escándalos y el poema. Está claro... la sordidez prostituida de este mordisco por vivirlo todo y decir sencillamente... nada.

BRAVATA DE LA CUMBIA

¿Quién dice que no hay música en las metralletas inermes, en los despojos de una memoria indefensa o en un Cali que les roba padres a sus hijos?

Yo me propuse bailar la cumbia de la "Piragua", destrabar los pasos sin miedo y eternizar huellas en el cemento de todos los verbos.

¡Afuera... el vocablo que se duerme!

¡Afuera... la idea inútil de que las hadas solo tienen magia en los libros de cuentos!

¡Afuera... la Colombia que no baila, que no zumba y recorre, que no golpea voces en las subversivas lenguas de sus poetas!

CISMÁTICOS

Me llamo... disidente del agua.
Pero me nombran terrestre.
Volátil,
cuerva que desnuda el pajar ocioso, amiga de poetas cubanos que se atreven a apelmazar caracolas sin flamantes mares.

Me ato a las garras de su vocablo para cortar pedacitos de hueso.
Por la piel que no tenemos y que ya a nadie detiene,
por esa voz jacarandosa que no se oye y solo atrapa espantajos con su eco.

¡Que nos llamen poetas disidentes del cuerpo, e inmanencia de un alma que jamás muere!

Miento

...si digo que la poesía no tiene forma de plato, vientre o demonio, si es libre o tiene tendencia que se le adueñe.

Pero es tan mía como quiero escribirla, la golpeo, la torturo... la adorno con pedazos azules de cursilerías, o lo pienso de una buena vez remachándola como se me antoje.
¿Y qué... si decido romper los zapatos para andar descalza?
¿Quién se atreve a demoler mi adjetivo porque ya nadie puede pensar?
¿Es esta la modernidad urgida para ser poeta...?

Dicen que debo hacerlo como la Generación de "los Beats", como un académico o "berreándolo" todo para que la gente se ría.
¡Que el mundo garabateé como quiera, yo lo hago como se me antoje!
Y es que escribir liviano es tan sencillo: venderse al lector como lo novedoso del siglo, arrojarnos a la verdad que duele, olvidar la inexperta sensación de un poema sin saber leer ni escribir.
Soy fiel a mi propia palabra, si quiero alumbrar en pleno soliloquio, en la tertulia tenebrosa de un ramaje, o en plena Avenida Segunda, es mi contrapunto, que conste, que lo único palpable será mi propio desgarre en cada página.

Dolly

Entre ovejas y clones

Hay un juego matemático de mutilar las diferencias, de sumar la creación en obras baratas como si las estrellas por sí mismas, cambiaran su rumbo.

Soy parte de este rebaño huidizo, escondo mi ubre de otros, y me solidarizo con la exclusividad. Quiero el monopolio de mi ser, no importa si es débil o estruendoso, si tengo óvulos mezclados con poesía.

Este atajo no se interrumpe con los asombros abiertos del poeta, ni sé si el clon es una esencia o un repliegue hacia el interior de otra lumbre.

Defiendo con toda la codicia mi derecho a ser inigualable e imperfecta.

CABALLITOS BLANCOS

¡Ábrete, Sésamo! Golpea con mi voz todos los lamentos, el tesoro tiene su triunfo en los cuerpos calcinados, en las exiguas paredes de Bagdad que ya ni siquiera se sostienen.
Solo hay duendes en la mesa y la poesía... se mutila en los brazos de un niño.

Mi cuerpo y el mundo se diluyen en el color de la sangre, circulación lenta, hostil, desencantada –sin mimos azules– que aspiren a soñar con caballitos blancos.

–Me han robado–.
–A todos–.
Alí nos ha despojado de la lengua como una vieja carretera, y sumisos... nos dejamos estampar por asfaltos de primacía.

El cuento no murió con mi infancia.
Hay una alfombra perdida. No sé si atañe al militar que se arrincona, deliberando con los dedos su idiota patriotismo, al civil que solo aspira perpetuarse entre puntos suspensivos y una fosa común, o al poeta que retiene la palabra en suspiros inhábiles de su mundo perfecto.
Mi alfombra desvió todos los vuelos azules.
¿Y la lámpara...? Ya nadie frota en ella el nacimiento ajeno de los sueños emancipados.

Punto y Cuba

Archivo mi compacta vida en un dígito con la broma de circular los espasmos y en esta cuenta inversa de la Luna que detiene todos los ensueños.
La gota del miedo se espesa con tan solo imaginar la pasión de mi auto en su relámpago de calle –intransitable y muda. Muere, artefacto que no deja hijos al tiempo, ni púlpitos sacrificándose ante tantos dioses invencibles.

Y logro editar tanta página como rastro fariseo en el infierno, e imprimo varias copias desganadas sin opciones de piel, ni formatos sensibles con los que se pueda querer.
Solo hay boscaje si tienes dolor en el barandal de los dientes o en todos los huesos con que amas y aspiras tanto vestigio de liviandad.

En este juego dilatado de zozobra, reservo mi mortalidad para los ángeles pues mi punto y Cuba es la mitad de este respiro causal entre Dios y sus demonios.

Leandro

A ese peldaño en Santiago de Cuba

Lo encontré por los semáforos del fuego en esa avenida extraña de la casualidad, tan solo tiene el tiempo de diez papalotes y ya juega con aires de guerrillero.

—Presidente de los 'pioneros', señorita. Tengo a mi cargo 35 chicos de mi edad, y ¿sabe?... todos protestamos para que regresara Elián.

¡Ah! su ingenio casi lo tuve en la fugacidad de esta broma por sentirme escalera y hui con su certidumbre de atrapar mariposas que era tan henchida como la metáfora que muere y nace en el silencio.

—Soy cristiano... Fidel ya aceptó que Dios estuviera en Cuba.

La oruga castrada sigue tejiendo con los hilos de los dioses, y Leandro me viste con el papel más fino y reemplazable de la fe.

—Libres...

¿Quién logra el feliz hallazgo evadiendo tanto muro insostenible en su lengua? No me sorprende que yo —sonido absurdo en esta caracola— lo crea.

Resonancia de la ciencia

Me he vuelto atea de esos dioses inefables del metal: me adoctrinan de su circo sin payasos y me dicen que todo lo inexplicable es una soga delineada en los amarres del mito.
Me tientan de una forma tan azul... ¿Qué si quiero un color sensible en el riesgo de mi piel? ¿...Si tengo crédito
para un corazón –sin génesis– en lo inoportuno del alma o un celular de ondas lunares para hablar con mis ancestros?
Y yo vacilo con mi dolor de artefacto que no se puede arreglar, con la muerte sosteniéndome invencible en la próxima ruta.
Y me burlo del misil –inédito y sin hambre– reinventando un pasadizo posible para la paz.
Entonces, vuelve la carcajada transfigurando las manos en perillas del instante, y los controles alertan la sustitución descifrable y multiplicada de caricias.

Me tientan, lo repito, con su resonancia de satélite y caracol, con su negligente teatro de mimos nucleares.
He devuelto, irremediablemente, ¡un sobre lastimado con todas las estampillas de su fe!

Bulevar 33

San José gira como un espantapájaros, ahuyenta los últimos silencios que el hombre ya no puede comprar, desgrana su alma entre la rutina comercial y unos cuantos bares.

Y no es cierto que definirlo así sea partir de mi propia huida.

Basta con mirarnos la ropa costosa, pero sin piel, despojados de nuestra fe porque el único huerto que siembra es el ruido de crecer como el mejor; la ira de este infierno humanizado y la desazón de sentir que el último escalón del espíritu ya se nos hizo leyenda.

MESTIZA

Madrid huele a muerte, a templo desgajado por silencios.

La bebo entera entre los bares de toda la rutina, en un tranvía cansado deteniéndose en cada estación como si el olvido se bajara para siempre.

Es la cárcel que se jacta de su propio encierro.

Mi sangre es mestiza, parece gitana, más aún el hombre y la primicia de los dos.
La piel nos la miraron como un privilegio de dioses hasta aislarnos en silencios baratos.
Extraño la madre patria que me adoptó como pieza exuberante de museo.

¿A dónde se fue Cervantes? Mi Quijote lo sigue buscando.

Vuelta de un dado

Lado 1
El Eros es una mariposa revoloteando al amor.

Para todos los que hacen de la piel un juego impar, el amor será esa oruga soñando con alas fracturadas en la siega.

Lado 2
El vicio de la transparencia me hace visible.

Digo lo que pienso –inevitablemente– y lo que siento en todas las rutas occisas de la Luna.

Lado 3
La sencillez me deja habitarla.

Quiero aspirar sin conjeturas, sin pieles invertidas, comer un bollo de pan, desdibujar mi maquillaje, para que luego, en el último tiro, nadie me gane.

Sentencia

No te dejo de pensar, habitante de celdas e infortunios, te miro como libélula venciéndote ante los deseos inmóviles de tu vuelo.

Niño herido con corazón de chocolate.

Idealiza…déjate atrapar por mariposas, pandillero que amarra sueños virginales, que defines "sexo" marcado en los nudillos de tus dedos sin descubrir aún el amor, ¡no dejes de buscarlo! Aún transitan Raqueles y Eugenias más terrestres,
solo libera la utopía del afecto.

Te visité intimidante porque amo el dolor de los hombres.
Me amo a mí misma en ti.
Te siento más allá del deseo en medio de una cuerda interminable de asombros.
Quisiera caminarla contigo, decirte que también soy prisionera, una habitante de libertades que no sabe sojuzgar.

Quisiera prevenir tus ahogos, cuerpo henchido de tatuajes, besar tu herida abdominal provocada para que sientas que todavía hay dulzura en los labios, acariciar tus cicatrices, la estrellita en ese sol enmarcado de tu brazo, para despertar en ti… días y noches sin memoria.

Siguen revoloteando abejas en mi jardín.
El invierno provoca lozanías.
Floreces en mí.
Y me sentencias.

BIPOLAR

Resulta que ahora soy un síndrome,
una similitud de lo que no es,
un camaleón de bilis negra,
una diagnosis de perra moribunda,
un trastorno elevado a la enésima potencia,
una mujer de agitadas pulsaciones,
un expediente hereditario de revolución,
una qué…, ¿qué sigue, mi propia alevosía?
ser un labio fragmentado,
una línea sin nostalgias,
una dosis subordinada,
un crepúsculo sin musa,
una cáscara sin erotismo,
jamás…
hay hollejos que se desprenden de su semilla,
hay arena que destila sales,
hay perpetuidades que predicen lo final,
hay cuerpos que mutilan su hálito,
pero hay unas tantas y tantos inopinados,
vivientes que descifran crucigramas,
que juegan de casita con sus hijos y se deshojan
      —como yo—
a puras zancadillas.

ANDANZA

Es tu último punto en Arica, Chile. Veleros en tu espalda, marinero. Regresas para regresar. Serán muchas las montañas en el árbol de tus ojos. Serán muchos los desiertos en las grietas de tu boca. Serán muchas las playas en las salinas de tu tacto. Serán muchos tus regresos sin llegar a mí.

La costa encumbra los costados de lo que es tu sombra. Te miro allí insostenible y con una bebida en la mano. Disputas los embrujos de la sal. Sal que relamo de tu piel. Me embelesa tu olor a pescado, puerto donde no asisto. Huelo a negritud y es tu sol acabado en el pecho.
Me restriego en tu remera blanca, ahora medio marrón. Se me cae la ropa. Se me cae todo lo que traigo contigo.
Me dejaste en tu equipaje y nos sabes dónde ir.
Huyo y retomas tu camino.

Jardín de amapolas

Me llamas mujer de la distancia, cazadora de pieles que huyen, quizás lo soy bajo mi luna donde no habitas. Es la noche de Quinteros, Chile y sigo sin estar. Te bebo sin más pueblos que la ausencia. Yo frente a mi jardín de amapolas. Suponiendo tu cuerpo agitado de flamenco spanish guitar y solo.

Sigues en mi playa. Satura.
Sigues en el borde de las rocas. Inmédiate.
Tengo calor de puerto. Me desnudo. Infierno.
Los ritmos se agitan, más y más …quiero ladrar contigo.

Tus bares no conocen el yigüirro. En mi pueblo también hay bohemios por la ciudad que no muere. También hay mujeres fáciles que engendran su bosque de lagartijas. Parroquianos de lengua torcida que desatan su corbata y se hartan de sus mujeres. Pescadores que no conocen más red que sus miedos.

Mi portátil hurga una playa de horcones con tu lengua resbaladiza. Desenredo tu trenza con la mínima timidez. De nuevo te miro, sin estar. De nuevo, mis pezones escalan la inmediatez. No existe más arista que tu libertad en mis ojos. Buceo libidinoso por las aguas que no tientas. Sostén el Sol y adormílate en mi ensenada.

Analfabeta de mi sexo
(2011)

A mi hija en su intacta niñez.

Desidia

Los pájaros simulan dormir en mi almohada. Mis manos tienen laberintos y te pierdes cuando las besas. No me encuentras porque no estoy. Así de sencillo. La desnudez es una brevedad, no un desafío. Mi piel tiene esa leyenda que dice deseo. No se adormita ni es la tradición de dejarse caer. La ropa cae. El tiempo cae. Y yo, simplemente sigo de pie.

Dejo la puerta abierta. La copa de vino aún no te hace entender. Solo quieres que baje tu cremallera y nade sobre tus ríos. Me agotas en el dominio de tu estupidez. Vuelvo a repetirme que no creo en el amor. Aunque puedo decirte poemas con solo mirarte y lastimar la rabieta donde la noche se apresura. La insinuación sigue y se detiene en tu boca. No tienes árboles ni bromelias. Hay un vacío en la bruma de tu abrazo. Se disipa. No encuentras mi bosque. Haces tanto ruido que los pájaros huyen…

ENTRE RAMAS

Me embarrialo.
El barro tiene esa osadía extraña de pegarse al cuerpo
para inmovilizar,
para luego desatar furias y descontrol.

Siguen creciendo las ramas
y un pájaro reposa
en mi canto.

Del otro lado de la cama

Presiento
que el plato seguirá vacío,
que el cielo estará oscuro
y los minutos se irán con vos...

que mi claustro tiene nombre
—llavín de los antojos—
imposibles de cerrar.

Lavo los trastos
y duermo a mi hija
con la única ternura que no lastima.

Mi cama desde hace años
marca un solo trazo.

Sigue el mundo en la calle
de dos en dos
y yo sigo... para envejecer,
pedazo de chocolate que se derrite
con la memoria del mordisco
que ya no es.

Llueve para las orquídeas
y mi desolación.

ni el golpe del primero,
ni la vagancia del segundo,
ni los que me llevan treinta años
o yo, diez...

Cuerpo que cede y no cede.

Besos que le desea al aire
y el verbo que la acompaña.

Leo el periódico por tercera vez
para no inventarte   todo parece distinto
para ser peor.

Se secaron las rosas que un "alguien" me dio,
me gusta verlas marchitas
como vos,
como aquel,
como yo

como la mentira de no decir
que espero a que vuelvas
aunque nunca hayas venido.

A veces me siento tan clásica,
un "Yesterday" de los Beatles,
la única solitaria de un llanero sin antifaz,
la lombriz que se revuelve a sí misma de lujuria
entre los charcos.
La que tiene de todo
menos el otro lado   revuelto de su cama.

DE UN DOMINGO CUALQUIERA

Ni siquiera me diste la brevedad de escuchar tu voz
—a lo mejor me hubiese gustado—.

Solo leí curiosa tus notitas de perfil,
el barullo fraseado de un latín que no traduzco,
el camino húmedo que dejó una araña triste,
el grito de la revolución mexicana,
y no ser parte de tu red de amigos.

Quizás tengas el estilo de cazador inagotable:
mata presa y la deja perdida.

No inscribiste tu código pirata
en lo inverso de mi muslo,
a pesar de que me dejaste sola
en la isla de la seducción
y con solo municiones para un día.

Te hubieras robado el tiempo conmigo.

Dos náufragos…. en medio del mar y su guerrilla.

Me dijiste que al regresar del Gym "serías todo mío"
pero   yo solo quería pedacitos tuyos,
un sorbo en tus labios de té verde.

¡ya ves…no todo lo simple es bueno,
ni todo lo bueno se cumple!
posiblemente, te asusté como soy bajo el umbral,
la que es…

en su telaraña de ver el mundo y punto.
Es la sirena en su soledad.

Ya no importa, en fin, si el botín perdió su valor
o si ambos ganamos con la misantropía.

No iré al combate si quiero tus ojos.

No tengo piel para ofensivas solo para que me abracen.

Quizás te borre con dulzura
o deje tu nombre en mi Messenger
como el berrinche o el sarcasmo
de un domingo cualquiera.

ÁRBOL DE ÁLAMOS

Los lunes tan solo son un día cualquiera,
un café cotidiano, un espadín para atravesar tu memoria,
una maraña de cangrejos en la sopa de mi abuela,
un árbol de álamos que me llevará a ti.

Es el verano humedeciéndose en mi próximo paso,
en el lomo asustado de lo que somos,
de lo que soy contigo a piel
y lo que eres a mi lado.

Repunto mi agenda
sin el desdén de berrear por mi regreso,
vendrás otro día, con tu pedazo de nieve,
y lo derretirás en mí.

Solo sé lo que soy contigo,
un arrebato de riachuelo en la montaña,
un desahogo de liviandad citadina,
un labio insolente de tu Cerro Plata.

Hoy es lunes para amanecer en ti.

DOS BREVEDADES QUE ME DEJAN VOS Y LA LLUVIA

Habito en medio de abreviaturas y lluvia, baldío de no ser.
Oscilo de irresolución porque nadie me domina, ni vos…
Rabia de latir bajo la luna.
A lo mejor, soy la pirata que sueña con buques fantasmas.

GLADIADOR DE SILENCIOS

Es noche al fin y tengo la sensación de buscar tu voz en alguna
    parte.
Te reconozco en tantos rostros,
le insinúo a la ley de las probabilidades
pero no te encuentro.

No sabría cómo mirarte, si con la timidez de lo que soy o el
arrebato que aparento.
Sigo tan sola de "otro" como aquel día.
Así es la soledad,
extraña libélula que revolotea entre mi piel.

Será que ya debo dejar de llover sobre ti.
Será que jamás es –de verdad– un jamás…
ya tienes tu victoria
y el último cerillo de mis ansias.

ESPERMATOFORO

Por tu liviandad que se derrite de mentiras,
—escorpión inútil de sí mismo—
que no se atreve a amar;
por eso, seguirás solo con esta profecía,
cazador de animales indefensos,
por eso, pagas el refreno de tu sexo,
solo ahí
donde muere tu aguijón.

Primero adiestra tus pincitas de macho ardiente,
que solo suenan y trasquilan al baratillo.

Si esa es tu danza del cortejo, arrogante,
jamás seré el insecto para tu "in domus".
Disfruta sí, mi ingenuidad de creerte,
soy el chiste de un abril que me robó la noche,
bastardo devorador de otros,
bien estás donde estás…
debajo de las piedras.
Vendrá el anfibio que te emponzoñe
o el fuego que te fragmente:
insociable
               sin ternura,
borracho de miedos
               sin control.
Juerguista de un latín desmañado que solo impresiona a los
         tontos,
por lo menos me escapo al tiro
               imbatible de vos.
¡Un tequila por tu asfixiante ego!

Tactos

Eres el tacto de lo que no sé,
los soplos de mi espalda sobre tu invisible y sus noches,
sigues allí en toda mi mañana
deshojando lo que puede ser.

Quizás soy la asceta que refuta sus fuegos
para encenizarlos dentro de ti.
No hay lluvia que sostenga mi piel…
Tu labio me lo dirá.

Mi vientre se acurruca despacio en lo posible,
no dejará de sembrar margaritas sobre tu pecho y sus fríos.

Es hora al fin,
de alivianar tus soledades,
¡ven y recubre tu esencia
en la cadera de mi trópico!!

No basta ya ese
–"…è domattina suonare la guitarra per tè…"

MANDARINA

Duele ese olor de mandarina en mi labio
tan lleno de pragmatismos
en el destierro.

Anaranjado de la sed
hasta caer en mis senos.
Piel contra gajo de mi piel
zumo de tu embriaguez.

Desgaja la palabra que me avergüenza
no hay pudor en la cáscara:
es la noche de mis mandarinas en tu boca.

Cercanía

Somos extraños, lo sé.
Ambos piratas con su rumbo de tesoros y botines,
solitarios de lo que no somos.

Tu signo confuso,
tus juegos de mafia y su rutina insolente,
ese imperativo que me amansa y subyuga.

Me desconoces, ni sé realmente quién eres,
ambos personajes de una obra encubierta,
ojos que el mar esconde entre corales y sus naufragios.
¡Lejos o pronto… tu piel!

BOLEROS EN TU VOZ

Tu voz y la lluvia son arritmias de mi pulso y su deseo.
Bolero de la noche cuando la luna no aparece.
Asiduidad que me deja un celular apagado.
Tu risa desde el otro lado y sus torrentes.
Es la mística y la primera impresión del aire,
voz que demuele mi silencio,
acorde de timbales que suena en la piel.
Rastro que persigo, pero huyendo de mí.

Tus palabras...
bosque que talas como si fuera el último árbol.
 Tu voz...
campana imaginaria de todos mis orgasmos.

ERROR DE ORTOGRAFÍA

Piel contra piel de la historia
de mi historia
y su ortografía
es
como el río
natural
fluyendo

lápiz que no sabe escribir
porque la vida no es una mayúscula
y sí... autobiografía,
muchas...
extrañas y comunes

qué son seis años o diez o mis cuarenta...
niña extraviada
aferrándose a sus viejos peluches o almohadas

zapatilla de otro cristal
guardo la chancleta en el armario
y uso tacones solo para alcanzar un beso

lengua de iguana
traviesa
y con discreta puntería

amo hasta desear morir
resisto a los relámpagos
disfruto de un vino a solas
y aprendí a cambiar bombillos y el fius de la ducha

hoy y cualquier día
es mi tiempo
vivo el tiempo
y me duermo con él

libero mi sexo
y disfruto del otro
hambre de piel cuando cierro
la puerta

mi vida
poner la coma
no en su lugar

qué debe ser lo apropiado
mientras me confieso,
reclamo,
¿o me disfrazo con vértigo de rimas?

saber latir
para que la ceniza próxima
caiga en el ojo
de un desconocido.

Sombra desconocida

Poco me importa mi nombre
si lo odian o lo aman
o simplemente no existe.

Me importa la palabra ajena
cuando está vacía de nombre
cuando su sombra se desborda
lejos y más que lejos...
de una columna de periódico
o en medio de sus tótems o cátedras,

egos que tienen el aplauso del segundo
contra el segundo.

Perdura más lo desconocido.

Abunda la luz
en el secreto.

Solo a veces
el mono toca el corazón de Frida
para consolarla.

Me conduelo
del poeta
que no se descubre solitario.

La fuerza Jedi

no hay forma con la página
ni tu memoria sin rastro

es la taza de café
y un sable azul que despierta mi mentira

después
no sé si existe
es después del planeta perdido

el beso difunto de un clon
y su batalla contra nada
contra el olvido
que no quiere su olvido

es la rebelión universal

los poetas y jedis que seguirán muertos

lo sé,
no frecuento bares que me digan el hastío del universo
de las putas que no son putas
de los caballeros que sí lo son
de los demócratas y sus ideas liberales
de las ganas de beberse el mundo entre el mundo

¿será esa la guerra de las galaxias?

emborracharse de ganas
con miedos

en desolación
juntar pedacitos de afecto
asesinar los sueños
ascender de rango
dominar los roces

magia o traición
sobrevivir o vivir
¿ser Ayala o el Maestro Obi Wan?

Sintaxis de un beso

Me lo digo como si fuera imposible de creer
guillotina del teclado
esperándote.
abro mis piernas
y borro la pregunta,
¿o es afirmación?
no conozco
qué significa despacio cuando se desea
luz que es luz aún de noche.

¡Te deseo!

y sigue el día y con mis peces tropicales
en la espera por comer,
¿en mí comerás?

Pregunto.
¿O sigo borrando las respuestas?
siempre seré la niña que se recobra con un beso.
pedacitos de beso, enteros y al final…
claro, pervertidos, de melcocha o rasgados besos
al final.

Todo tiene su final.
¡La pregunta, el deseo, la espera, un beso…!

¿O es afirmación?
Respondo.

MAYO Y LA ESTUPIDEZ

Es el día donde coloco la estupidez en la gaveta
y la envuelvo en la pregunta que sigue:
¿Interrumpo?
se me hartó el día
por tropezar con el hado y los abejones
me sobra azúcar en el té,
               la hiedra tiene un nombre extraño
y no logro entender por qué lo relaciono
sigo con el Dios que es homo fóbico
          una vez le creí
ahora le discuto que ya no es dueño de su obra
la roca, la piel, el abeto…
se parecen al amor
es mi elección con la noche
el desacierto de tu estación
y el invierno que no serás
cómo relacionar todo
y en medio del todo
que estés vos
algo se murió con la ausencia
tu ojo mirando mis mariposas
y el miedo de atraparlas
saber si fue la muerte
la que me trajo la estupidez.

MI BANDERA

Mi lluvia no discute la apología del futuro gobernante: llueve porque debe llover. Mi bandera es tener un cuerpo desnudo en el sofá. Hacer el amor y no la política. Me desgasto si la critico. No me concierne practicarla porque me convence. He sido débil con las ideologías. Aunque dejé de creer en ellas como muchas cosas... como cuando alguien me habla de amor y solo quiere sexo; o me da sexo y solo confunde su soledad; o me aliviana con su amistad, pero yo lo que quiero es sexo.

Es así de confuso, todo un partido descomunal. Un debate que define mi crisis con la mundial. El eslogan "Creo lo que el sexo me diga". Mi futuro no lo definen las concesiones con China, ni la muerte del bipartidismo, ni el desgaste barato de volver a creer en un nuevo partido, o en el viejo, porque me ponen la guinea feminista de que nos llegó la hora de poner a una mujer en la palestra presidencial.

Voto por la próxima caricia, porque el beso sea más constante, por ser para alguien, la próxima puerta al universo, la única opción.
Esa es mi política, vivir al máximo los orgasmos. Sin las mentiras gestuales que me da la democracia o los putos cuando dicen amar.
Sigue lloviendo en la próxima parada. Mi futuro político es saber, ¿dónde estás?

CREMALLERAS BIPARTIDISTAS

Asumo que debo creerte con tus pantalones bajos y una bandera inútil de ideologías, pues bien, súbete la cremallera y siéntate a discutir.

Ha caído el comunismo como tu lengua barata. La democracia tiene herrumbre en su engranaje y nos dice siempre qué hacer. Vos decime si tengo partido alguno más que saber besar e inventarme algún Dios para que mueva mi cuerda de juguete.

La poesía tiene su doctrina oculta y las palabras mecen a sus muertos y adoraciones. Libros que son Biblias y autores que son divinidades. La piel tiene su mejor papel. Allí escribimos todos. La rabia del fraudulento y del miope adulador que busca ganarse la vida de aplausos y premios. Esa página no la comparto con nadie ni con el occiso de quién me enamoré la última vez.

Pido el voto

Puedes votar por mí,
por esta desnudez que hace más que la ciencia social,
somos el homo sapiens de la lógica o el génesis de las aguas
    revueltas,
de los sorbos mundanales que se disparan sin puntería,
de los bosques que husmean cartelones contra el desgarre y la
    sangre animal,
cuerpos de asambleas dictatoriales
que guerrean su propia servidumbre,
vota por tu oceánico cardumen,
tu volcánica palestra
de mi orgasmo infinito.

Cuidado y te nombro

No sé si es perverso decir:
Horacio,
Nelson,
Kid,
Eduardo,
Sam,
Ale,
David,
Rafa,
John,
tres puntos
o más putos seguidos
...

o decir,
segmentos,
caducos afectivos,
rastrojos de marea roja,
broza putrefacta de café,
cáscaras de reptil recién nacido,
perritos chiwuawua que se auto pringan de semen en las esquinas,
o simplemente,
seguir jugando con las opciones de charco
con sus argumentos de ranas principescas,
con mensajitos de texto alimentando su captura
entre lunes y jueves,
porque soy del calendario,
la del viernes

o seguir de cenicienta,
besarles sus orfandades,
remendar sus destrozos de impotentes,
de fracasados mujeriegos,

o abrazarles ese abandono por algo,
porque por algo los dejan,
por lobos aulladores,
porque exigen sin consentir,
porque no tienen ni idea
que sexo es tener sesos
y que no hay teorías en el amor

...los siguen dejando
por zorrillos que no huelen su ajenjo y potasa cerebral,
porque se hartan de sus malos olores,
por sus baratas filantropías,
o la mística de guardarnos en gavetas trabadas

por ser potrillos que relinchan y doman,
por asfixiar con medidas absurdas
del cómo se evalúa la belleza,

por eso los traicionan,
por sanguijuelas,
por cascarrabias,
porque se les traban los bolsillos de piedras,
por mantenidos
o frescos

a todos esos nombres...
nombres de Prozac,

de oxidaciones,
de arterias,
de amnesia intencional,
les digo,
desde mi rencor flamenco,
desde la hendedura de las cavernas,
desde la podredumbre subterránea,
desde el Aconcagua hasta la ultratumba petrolera,
los seguiré nombrando,
los seguiré borrando…

¡Amor, cuidado y te nombro!

ALMOHADA DE PLUMA

Me dicen mujer de arrebatos, de gubia profunda y de arándano en miel.
Lo soy. Me gusta besar a escondidas. Tocar la sien de mi deseo.
Que me llamen amante de relámpagos y espaldas.
La apolítica que discute en la palestra los discursos del sol imaginario.
La idealista que no teme ser la arena contradictoria ante el oleaje del racionalismo.
La usurpadora proletaria que duda a veces, si lo de César es del César, o si me deben lo que doy.

Me dicen mujer de insolencias, de roble pionera y de almohadas de pluma.
Lo soy. Me gusta la parodia del abrazo. Buscar humaredas que saben adónde llegar porque ni yo misma me encuentro.
La que se persigue lejos, tan adentro del caracol que sigue jugando en sus cavidades.
La que se posa adormitada en la piedra, en un país que nunca
    atina y en ese juego ocioso de mirar por la ventana.
La que busca el silencio frente a una pecera sucia.
La que nada sus mentiras en medio de burbujas que duelen.
La indolente sin respuestas, pero siempre, adiestrada a tus antojos.

LA MESA

es culpable la ciudad que no te encuentro
tu puerta cerrada
y la mesa donde hicimos el amor tantas veces

todo fuera explicar por qué se me antoja
y decir baratillos con tu lengua bajo mis senos
dejar que el botón de mi blusa se abra de capullos
y sigan creciendo en la madrugada

insisto
mi desnudez sigue en la mesa
y allí no quiere entender de tus revoluciones ni de metafísica

ya me has dejado algo con lo que no acierto
el televisor crédulo que nos observa
y la madera que da grumos cuando resbalamos
de nuevo leo el libro donde supongo
es el año 1998 y sigo con la piel que no se equivoca

yo también dejé la vergüenza de no imaginarte
ir a la mesa, recoger los orgasmos
y sentarme a esperar.

Almohada de Budapest

Es la anécdota del minuto.
Mi pereza y la computadora.
La lluvia se entremezcla con los olores de mi té de canela.
Hay suavidad en el dorso de mi espalda.
Es por la almohada color sol que me trajo mi madre de
          Budapest.
Afuera, los damnificados escurren sus cojines color barro y la
          tormenta se disipa en sus jarras de ajenjo.
Desaparecen cuerpos por el momento inoportuno donde la
          muerte nada tiene que hacer.
Y hoy por casualidad tampoco tengo nada que hacer. No
es como ese día de todos los días donde muerdo la rabia de
          respirar.

Suena un trueno de repente, y sigo alarmando mi desazón
de estar reposando sobre la almohada color sol que me trajo mi
          madre de Budapest.
Es el cuento de los desposeídos. Se abren los refugios y
una de mis congojas es que debo recalentar mi té de canela.
Desenchufo la idea de que, si hubiese nacido de otro
padre, quizás estuviese viviendo a la par de un río y
mirando a lo
          lejos la huida de todos mis ensueños.
Al fin deja de llover y mi taza de té ya está vacía.

UN PELUCHE EN SAN VALENTÍN

Te puedo regalar este poema como si fuera un osito de
        peluche,
dos globitos en forma de corazón con un lazo rojo intenso y
        una tarjeta de Hallmark, que diría:
"Te huelo como sabuesa y eres mi cupido de baladí",

pero no,
la piel me dice distinto, va más allá de la ironía con que disfrazo
        la miel,
eres mi universo numérico, la palabra número 65 y aún sigo
        sin decirte nada,

    si digo –te amo–, sigue el baladí,
    si digo –te extraño–, sigue la sabuesa,
    no sé ni lo que somos
    ni lo que seremos,
    si la piel fue suficiente,
    o si darte toques en Facebook sea una forma de hacerte el
            amor,
    pero cruzaría cualquier océano solo por verte,
    diría que la vida es un espejismo teatral
    o un montaje de mimos
    pero con caras amarillas donde el sol pega sus rayos
            crepusculares.

Tal vez suene a ternura de la que ya no existe
porque el sexo prevalece cuando se prende la luz
y el cortocircuito es leve y pasajero.
Esto es más de lo que se pretende,
más que un peluche y una cena romántica,

más que el pletórico canto del cantar de los cantares,
del amado, del amante, del ciego y loco amor,
del árbol cabalístico y tan dual del que tanto se siembra,
sigo creciendo con la raíz de inventarme sola, pero contigo,
te perteneces, me pertenezco.

El regalo es que me mantienes viva, ilusoriamente viva,
la poesía crece y se colorea porque hay extractos que viven de
        tus árboles,
de esos deseos casi proféticos donde todo tiene sentido.

El siguiente toque me llegará con ramajes casi tristes
porque la distancia siempre se impone como utopías
caerán sus flores
pero volverán a nacer.

SECUENCIA DEL HABER

hay llenura en esos espacios que parecen vacíos
hay de vos
hay una piel que trasnocha ansiosa un pelirrojo que se ama
hay
hay
y sigue habiendo...

la vida tiene una tos que se encuentra hábil por sus desnudos
el nuestro que fue
el paraíso que habitamos

tomé el fajón y si recuerdas
quise ayudarte en la cerradura
volvería a bajártelo ya no tan despacio
hay
hay
hay una memoria que se llama amor... y te llevaste la llave

el tiempo tiene el segundero de la ópera
ese clásico que me invento
cada toque de mi imaginación

que dirás con este drama que no me termino
con verte como si pudieras cruzar la tarde en mi calle de los
        Desamparados
hay
hay
hay mentiras que son hermosas.

Ensueño

La miro con su pijama de lunares celestes.
Todavía crece selvas en su cabello.
La cobija se confunde con el tigre que la abraza
porque ella ruge
libre y extensiva.

Mi dedo aún como Mar Rojo,
abre toda su manita.
Está caliente, ella me da la tibieza que no tengo.

Me recuesto con la dirección de solo mirarla respirar
y sentir su exhalación de mariposa en la quietud.

Pasa el tiempo, lo sé,
pero tarde o temprano
cuando mi hija crezca, me hará despertar de su propio
      ensueño.

MANERAS DE VER EN 3D

Despierto. Despierto.
Miro la luna para decirme que tengo la privacidad de ser
    dueña de mis posesiones.
Lo mío, mis secretos son míos. Mi derecho de aislarme y
    guardar mi memoria, mi silencio.
La poesía que se esconde mientras vivo y no termina su final.
Arrebatan mi deseo de intimidad cuando otros me dicen
    qué hacer, cómo soñar o pensar.
Me rebelo con esa ironía de decirme: ¡soy libre de
    guardarme!

¿CUÁL ES MI OFICIO?

Después de todo, la lluvia sigue y yo me escondo.
La celosía se abre como abrirme desde muy adentro
y busco soles, cuerdas o barcos para no ahogarme.
Atraco en mi cama,
y no es un puerto para dormir.
Me siento como si las sábanas me dijeran que el mar existe
donde uno quiere.
Desde allí miro peces y corales.
No hay hora para la búsqueda.
Solo frío y algún vendaval.
Desde lejos, desde esta isla y sus miramientos, se ve el bosque…
va a mi encuentro con el silbido de la monotonía
todo se vuelve verano
en mis palabras y en los pedacitos de alas de las mariposas morfo.
La otra noche, alguien me preguntó, que cuál era mi oficio,
        le dije: –déjeme pensarlo,
sigo en el agua hasta la otra arista, cuando despierte, le aviso.

DISCO DURO

Tengo la memoria llena. Muchos auxilios de murciélagos y
abejas, mientras el perro ladra porque quiere entrar y mi hija
    me pide el desayuno.
Llega enero como siempre y pongo el diente de león en un
vaso de agua, no lo soplaré aún, solo es tiempo de mirarlo.
Ya es hora de engavetar esas ilusiones numéricas y abrir
    otras, que caminan porque quieren.
Mi cábala tiene aroma de bosque y es, y será, y estará en
    puntos suspensivos...
No iré donde no me buscan, esta vez me encontrarán y
    me lo dirán de frente.
Vaciaré un poco mi memoria RAM, no habrá instrucciones
    para los minutos que sigan.
La poesía la diré como yo quiera.
La piel seguirá su paso por donde ella quiera tocar.
Mi Dios será mío y como lo imagine.
Habrá blanco y negro, no solo colores.
La neblina tocará mi puerta y la dejaré entrar. Aún no decido
si haré lo mismo con esa palabra que llaman –amor–. No
quiero que sea tan difícil de entenderla. Solo la recibiría
como un beso arrebatado o como la llovizna que solo avisa
    juego en tu cabello para refrescarse el corazón.
La Z será una letra importante.
Me desesperaré si quiero, pero sin caerme de la cuerda floja.
Abriré muchos libros con la idea de no terminarlos jamás.
No temeré a las serpientes, seré una de ellas.
El puma camina por mis bosques, y el venado también.
La pava azul tiene sus miedos, pero ella siempre se escapa y
    sabe volar.

Mi hija no quiere ser cabra del calendario chino y yo le digo,
>que ella puede ser el animal que se invente.

Seguirán los inviernos con Mozart, Vivaldi y toda la música que pueda escuchar.

Sí puedo, y dejaré de insistir.

Sé decir –Amén– y repetirlo muchas veces.

Los dramas me seguirán fascinando.

La maldición no es del poeta, sino del poeta maldito
>que se no se reinventa.

Seguiré cocinando pan hasta llegar al punto.

Solo fumaría una segunda vez con él.

La felicidad que busco tiene forma de arcoiris y se ríe igual que
>mi hija.

Mi cuerpo seguirá siendo sábana blanca. No permitiré que
>cualquiera la arrugue.

Gracias, pero no acepto recetas panfletarias de cómo
>NO debo equivocarme. Soy a partir de mis errores.

Escribiré de la muerte, pero nada más.

Mi hija ya tiene su primer diario.

El perro me domesticará porque amo sus patas sucias.

Todo se revierte cuando llega a mí.

Fluiré como rosa de los vientos.

Alguna vez me visitarán de nuevo, fantasmas, ángeles o seres imaginarios. Vivirán conmigo y se irán cuando quieran.

Solo quiero creer un poco más en las Hadas, en los Elfos y
>en todos los misterios.

No me tragaré idolatrías religiosas ni los egos ajenos.

Es lo único que me da indigestión.

Seré fan de mis propios descubrimientos.

La política la concibo como una manifestación de lo
>correcto.

Pondré muros a la estupidez o a la insinuación.

Me halagará que me humillen o simplemente me ignoren, me hacen el favor de no quitarme tiempo.

Dejaré que las hormigas sigan su curso.

Reciclaje también incluye a la imaginación.

Todos los meses recogeré Santa Lucías. Las flores son de las únicas divinidades que entiendo.

Terminaré la lista y no es que aparente terminar. Los oráculos no siempre se entienden tan fácil. Esos son los míos y pueden reformularse.

Buscaré aire libre. Hay una ofrenda de sacrificio sagrado.

Ya alguien virgen ha soplado el diente de león por mí.

PODRÍA EMPEZAR CON LA FORMA CURSI DE DECIRLE –TE AMO– PERO NO SERÍA SUFICIENTE, O TAL VEZ DIGA, QUE SOS UN PÁJARO QUE ME ANIDA SOLES CON SU PECHO DE ÁRBOLES AMARILLOS PERO LA NOCHE CAYÓ EN LA AUSENCIA Y SE ME HIZO TARDE, ...YA FUE TU VUELO Y NO IMPORTA NADA DE LO QUE PUEDA DECIRLE.

Es confesable intentarlo.
Me atrevo a ser cursi por vos.
Que el título sea el poema que resuma todo.

Debo inventarte, imaginarme que sí
que sí me imaginas en ese recinto de la ternura
que el invierno con Mozart sí te parece
que mis lluvias son torpedadas nada más que sirven
       para la espera,
te espero y lo sabes,
nada importa más que esperarte.

Fue piel entre nosotros,
prisa,
bosque húmedo
y entiendes el porqué escribo tanto de ramajes amarillos o
       del verde limón.

Estuve y me fui un día porque es más fácil la resignación,
no ostentar el universo o las gemas preciosas;
y perderse con el olvido
era más fácil que decirte: amor.
¡Pero te diría amor tantas veces!

Ahora, duele la tierra prometida,
las lenguas antiguas que van a otros muros,

a otros perfiles extraños,
 duelen las señales esquivas, ajenas,
ese silencio que no huye y se acerca más y más...
me voy con él
sin la rosa
con pedacitos de espinas y soles.

Me voy, amor,
porque tu humareda tiene razón de perderme.

ATRAPASUEÑOS

Nada, pero nada cambiaría de mi historia.
He sido muchas veces derrota, zanja, virtud, credibilidad, un
        punto y coma o lo que persigue…
y en ello, asumí un cuerpo para que el paso siguiente fuera
        distinto o mejor.
Nada me detiene, ni las voces ajenas que cuentan una versión
        distinta.
Nadie me conoce más que mi propia isla
y ella flota libre de anarquías
o lenguazos del masoquismo de otros.
Conozco el mío y con ese me basta, me sé ir.
Las dudas tienen la venganza del descubrimiento.
Y hay nuevos mundos a los que siempre conquisto.
La soledad es más que estar sola como un puente de ánimo y
        miedos.
Sé estar conmigo misma y no me cuesta
correr los kilómetros que llevo.
¿Quién me asusta con lo que he vivido?
Si no ha sido así tan sencillo como escribir cuatro páginas al
        borde de un suicida.
Seguiré viva cuando yo quiera. Nunca he intentado lo
        contrario.
Que otro tome la cuerda y juegue en su desgracia.
Seguiré viva cuando yo quiera.
Con el placer de tener siempre mala ortografía o sueños del
        príncipe azul.

A nadie le importa, mi torpeza o mis alegrías.
Si he creído o descreído a los Dioses, si he amado o no… a
un invicto-convicto, a un extraterrestre,

o ese imaginario amarillo.
Lo he vivido todo con gusto y garra, con desazón y fogosidad.
El resabio es mío. Nadie debe culparse de aburrimiento.
Es plagio imaginarme de otra forma a la que lo inventan.
Soy –dentro de todo– la telaraña que sigue tejiendo su
    atrapasueños.

Me seguía, fue por eso...

Me bajo del auto porque la muerte me seguía.

Y me encuentro una maleza, con una extraña forma de abandono. Me dice que camine sobre ella. Lo hago.
La muerte y la maleza tienen la misma terquedad de cementerio. Asumo que las ramas me dirán algo. Escucho algunos nombres que han huido. Otros, quedan con desgaste de rojo, negro y azul.
¿Tendrá Dios un nombre allí para huir o es la misma muerte que no entendemos que no es muerte sino maleza?
El aire me olió a todas las cosas que no queremos abandonar. Tal vez hubo amor allí donde se entierran los cuerpos, y sí exista, el amor definitivo. ¿Será el matorral, una forma de decirme que lo intente y me arriesgue?
La muerte se arriesga todos los días con la vida. Son la misma cosa en distinto cuerpo. Y yo soy en todas las cosas. Pero el amor es distinto, creo. Tiene que existir de alguna forma, aún en letra de rastrojo o en algún número invertido o adición divina.
En esa maraña tan seca que sigue confundiéndose con la muerte, parece que hubo poco amor o simplemente es maleza. No llamo abandono lo que parece. Desde adentro llevamos alguna hierba que lo será algún día en los campos, polvo que toque muchos matorrales como este.
Después de todo, mi viaje tendrá muchas paradas como esta.

¿ES CINISMO?

Tengo que resolver este deseo de morir,
este nudo desde arriba
        donde pienso
y en la piel   donde duele.
Tal vez alquile una de esas palabras que llaman felicidad
y permita así, que se escriba en la mentira que necesito.
¡Asusta y molesta a otros, lo sé…
pero nadie entiende aún el universo
y el por qué concurren estrellas y agujeros negros,
solo existen teorías que se acercan!
Si a esto llaman cinismo,
golpear por detrás de la puerta que no abre,
sentir el absurdo enjuagarse contigo en el lavamanos,
pues bien,
confieso el meo culpa,
no ensayo,
solo camino en el bosque para mirarlo todo,
abrazo a los muertos y a los vivos,
maldigo a la ciudad que me grita,
construyo espantapájaros en un huerto donde nunca sembraré,
bailo si la ópera tiene un final de acerbo,
imagino el olor a mandarina,
lloro por solo ver los colores intensos,
y amo cuando sé
que jamás habrá otra madrugada;
no juego, ni entiendo que ser así es una moda
o una condición literaria que se inventa,
cada día, lo único que hago   es que ostento   mi
        resurrección.

Fantasmas

El cuerpo dice lo que los fantasmas resumen,
un clásico en la piel para renovarlo muchas veces
pero esta vez es distinto,
no lo repito más,
lo dejo sin tilde
al ordinario,
al desposeído,
al cavernícola,
a él y a todos ellos
que alguna vez me inventaron.

Yo voy por donde soy
sin lamentaciones, ni tedio por ir…
aunque es cierto que también a veces me detengo
y miro donde el pizote deja su hocico entre la tierra
pero tapo el hoyo con el siguiente paso,
y el siguiente cuerpo.
Digo,
seguirán las voces
detrás de él,
detrás de todos
en el semillero donde la luna se esconde.

Desde la nieve que perdura

Sí, a vos...

Allá, es tan allá,
tan de vos, conmigo

la sábana roja,
desnudez gitana y ese ceño fruncido
cuando escalo en tu muslo
y se te derrumban pedacitos de hielo...

El mate tiene esa insipidez cuando digo lejanía
y decir tu nombre
es para siempre.

Serás mi álamo,
la hoja suelta y libre
con la que deseo brincar
el Aconcagua que aún debo vencer
para vencer contigo.
Serán los años cuando la piel nos sujete
y diremos distinto
con deporte de riesgo
con el labio
y su deseo de perdurar.

Estás tan allá,
que el agua sigue su itinerario
y me iría con él

pronto será el fin de la primavera.

Mordedura tropical

lo explico,
me he vuelto en contra de mi deseo,
la primera noche con el tacto de la tierra,
la desnudez en mis vacíos

¡fue imposible contener mis ganas!

saña de medianoche que me logró vencer,
gata que maúlla y sigue aruñada en su pezón
me duelen…te lo digo, mordedura de ese lunes y los sucesivos riachuelos

volví a tus humedades, el martes

el masaje te dio esa llanura de árboles frutales
¿fue extraño dejar un mango en tu mesita de noche?

resisto a la roedura en mis cerezas,
la sigues comiendo y me embruja,
no te importa si tengo vestigios y más años en la historia
me abres la puerta como la sucesiva tibieza de que no la cerrarás
cada palabra es la necesaria
ser preciso en medio de tu canal de deportes

mi lengua es un diálogo en tu espalda
me sosiegas, será mi secreto

me duermes como enredadera en tu muslo

y sigue lloviendo con la prisa de que debo partir

luego,
fue miércoles
y recordé tu nombre…

TEORIA

es lo siguiente:
la tensión
la muerte
como receptáculos

la lamparilla china
que duró todo este invierno
para llamarlo: ¡milagro!

la piel y la obstinación
me aseguran
pimienta con limón en las mejillas

las puertas se adelgazan
y me convenzo
de que te irás

no basta el instinto
del ave de rapiña que encontré moribunda en el jardín
morirás con ella
detrás de mí

isósceles
con ese ángulo que no entiendo

la relatividad
con que se teorizan las soledades

madrugada
del abrazo con el que no desperté

es lo siguiente
escribir con tu labio
en la postal impresionista

borrar mi lengua
de tu espalda y entrepierna

tocar la pared
donde me aventaste con tu brazo

dejar que el azul se vaya
aunque te guste tanto
y dejarme ir con él.

ALDEAS FANTASMAS

Mira
me tomo esta cerveza
sola
porque tu cuerpo es una extraña idea
y en esta misma hora
en esta misma calle sin salida
en la lentitud del semáforo que no corre
está mi vientre desperdiciado

deshecho donde la soledad se muerde
sin ternura como es la existencia

si me inventara en vos
y ya es tarde,
buscaría la forma de enmohecer
de abolir la pena de muerte
porque los muertos casi siempre me dan pena
por los llantos que no oyen
y por la erección a la que renuncian

pero no te invento
no es el salto que me deja la penitencia
arpones, lanzas, balas,
tu lengua que se encarna de inmortalidad

la pregunta de si soy insolente
porque no te tengo
si el después viene en la vitalidad de la mugre
o en la pierna que cruzo y no me domina

o la respuesta
se asume en la hendidura de una botella
sin nombres, ni lamentaciones

nace de nuevo
el automatismo del clítoris
insurrecto de mí misma
y no es tu labio
el que está allí

que no se repita
el triunfo de un olor
donde no estás

siguen mis residuos
en la rutina
en el vuelo del halcón con la piel que se desnuda
entre aldeas fantasmas
que no son las de tu cuerpo.

SALTOS DE RANA

Mi dolor tiene saltos de rana. Cae en los charcos. Se ensucia. Tiene la apariencia de perderse. Lastima como subir escaleras por ser de piernas cortas.
Se agita. No entiende su lámina y torcedura. Duele la encía, el nervio óptico y el desperdicio.
Sigo confundida y el miedo tiene la intención de hacerme preguntas. No respondo. Duelen los dedos, la muñeca, la piel sobre el teclado, mi poesía. Intento ver luz de mi propia luz.
Me restablezco porque sé mirar en el jardín. Luego, como un chocolate. Mi hija corre y me duele su abrazo. Juego y la cargo a caballito de guerra. Pero asumo el grito del batallón.
Siguen los brincos de la rana. Solo llueve debajo de sus ancas. Se atrapa a sí misma en el barro. Ahora, quiere llegar al fondo del caracol, pero solo escucha el eco de un bosque.
Retrocedo porque el perro cogió mi zapato. Entonces, me enojo con la rana, con sus saltos y mis pavuras. Hay un terraplén en mis neuronas. Viene una cabeza de agua, restos de madera y abrojos. La rana no me deja dormir. Sigue soñando con su caracola. No hay lirios de agua en la cama que suavicen su contractura. Vuelvo a caer en el pozo por esa maldita rana. Me persigue desde los 12 años. Me pierde adonde vaya. Arremata en mi ilusión, en el vacío que me domina, en ser presa de este imperio eterno de los anfibios.
A veces la dejo que dance conmigo. Me burlo de ella. El reto entre alturas y profundidades. La rana me ha dejado sus bromas, sus escalas y distintos modos de rebote. Me deja caer muchas veces, pero resisto. Ella es desigual a todas las ranas. Una de trópico impetuoso que suena y suena taciturna hasta cansar.
Ambas, nos despedimos un rato.
Yo me voy al charco y ella a mi cama.

Sin pertenencia

No me pertenece   la gravitación de una manzana
llena de mordiscos
con su peso de otra boca   y otro azar   que no sea el litigio
de mi cuerpo.
No me perteneces.
No me dejas el dominio de una sobra diminuta,
ni el clavo que se oxida   debajo de mi lengua.
Ya no te repitas   el miedo al escondrijo
de trasgredir en mis almohadas…
es tu palabra contra mi vientre
por decir
por adulterar
por acabar para siempre esta ficción   que sigue con su sed.
Huyamos al intervalo   donde sí   me pertenezcas
en el segundo que no seguirá
y nos conforme.
Será eso   o nunca ver debajo de nosotros
la sepultura de no vivirlo y   enterrarnos.

Te digo, eres un delfín vaca

La noche tuvo la impertinencia de volverse océano.
Fui mamífera en estricta copulación. Aletear con domino por desarraigo y deshecho… así no más.
No obedezco silbidos sino es mi clítoris quién llama. Te levantaste porque la madrugada te asusta. Culpa que no tiene culpas. Dejemos algo a la memoria: tu orgullo de profundidad y mi estupidez.
Sigo nadando. Sé hacerlo sin arrojo. Ya no me importa ver al mar como si fuera un arquetipo. Eres un espejo, un mar de mentiras e invenciones, un alcance sin convencimiento. Nada es tan complejo si no te amé.
Restriégate, hay rocas, hay corales... Hay muchas rocas y corales. No puedo inventar lo que no fuiste: piel, escama, o un abrazo que no supiste dar.
Nos ignoramos como estrategia. El tiempo termina con esas tácticas. Mi braceo es sincronizado. ¿Sexo como un medio de reproducción, de distorsión o de legitimidad? El deseo es la ternura de un canto a dos metros de distancia o a miles de kilómetros, tras veinte o tantos años...
¡Seguirán humedales en mi pecera porque no caben delfines absurdos, ni vacas que vuelan!
Abre tu boca y come tu pescadito. O sigue abriendo las piernas y déjate ordeñar.

Canto mágico

Leo el canto mágico para curar la locura y las olas del mar salpicaron en sus dedos.
Ella y yo, el viento que nos une en una barca.
La curandera que me mira con sus mejillas redundantes y me sopla más y más fuerte hasta sentirme viva.
En el lugar de siempre con ella. Como si el mar fuera ese límite donde ella empieza.
Mi pueblecito donde habitan las ideas. Ella con su calle y su única vía de hacerme feliz. Miramos cocoteros en el mismo lugar donde no existen. Bebemos agua con la sal que nos deja una marea extraña. Y sigo despertando con ella. En su multitud de creerlo todo.
Me arrebata el mástil y se aferra a él, desesperadamente. Espantamos la garza que me picotea.
La realidad es este juego de siempre despertar. Tiene sentido su risa y la forma de curarme. Sigue con la danza y su zapateo en medio de los charcos. Le digo que ya es bastante.
Pero el canto mágico es eso, que nunca sea suficiente.

IDEOLOGÍA DE UN VIAJE EN TREN

Duerme, entonces
porque un desborde es eso, subir en un tren y encontrarme,
atizar los infiernos e izar una bandera, sacarla en la ventana y
      llamarte patria

el occidente es un pasajero sentado junto a mí, la lengua que
      me asalta que me asusta   sin traducción
duerme, entonces
rebusco en la que fui, en todo lo que sigo creyendo
—tenía un año cuando mi humanidad llegó a la luna—,
la especie como aire comprimido y el universo sigue
      desinflándose

el tren avanza, el poeta sigue soñando que existe la modernidad
duerme, entonces
la hierba la corto cada mes, me huele a lo único que deseo
      respirar,
siega que hago morir, a esa que escribo para seguir durmiendo
intuyo que los rieles se desvían, los atropellos no me gustan
ni el tren, ni la luna, ni mi hierba.

la pregunta es la que sigue
la que tiene su tiempo desenterrado
¿Es toda ideología un viaje en tren hacia la luna o hacia el
      jardín?

LAS FLORES DEL BIEN SON DE ORIGAMI

no sé si lo malo tiene alas de águila
de vuelos falsos
o utopías

si lo que somos tiene pelaje
en la lengua intrusa
en el féretro
o en mí

no sé si el autobús tiene su última estación
sin direcciones ni obtusos
en la trigonometría de la ciudad

es esto de seguir con el paso de siempre
seducida y sin miedos,
floja de ser porque debe ser,

mi mal irremediable y su serafín
que estampa flores de papel
en juegos de origami

no sé si pueda con el antagonismo y la insipidez
con los labios toscos que no saben besar
con un horizonte
sin líneas ni torpezas

si la batalla es contra mí o a favor del aire
si soy la observación, la mueca ignorante
o la tristeza irracional

puede Baudelaire y su espejo
decirme algo que ya no es,
bien rotos seguimos…

miro para no garabatear
y escribo para cocer la redundancia,

subrayo a lápiz
la historia que se inventa por sí misma,
irreparable,
con un hechizo sin remordimientos

no sé si quiero al amor y sus convencionalismos
pero odio la soledad por demás,
los orgasmos inútiles
y la piel que no sabe seguir su deseo

me da tirria cuando me tratan de absurda
por no ser partidista
y la garganta me tose de repudios
porque serlo –igual– no sirve para nada

no sé cuándo doblar el punto que sigue
si debo torcer la línea que se forma perturbada
o son las flores del bien, que no sé
si se reciclan…

INTERRUPCIÓN DEL MAR

Me miro en la utopía del mar,
en esa fragilidad que a veces no entiendo.
No hay signos de más
que el juego de encontrar un tronco golpeado por las olas.
Debajo de un árbol de almendros se escribe algo:
quizás absurdo y sin la cordura con la que se le acusa.
Nada es más sensato que oírse a sí mismo
y luego, el mar, y el mar con todo el mar que te interrumpe.
No es necesario que entiendan
porque hay tantos hoyos que dejan los cangrejos a su paso.
Los sigo muy dentro, tanto así que me escarban cada día.
Ser la brisa que se deja ir porque ni el minuto tiene silencios.
Miro en los manglares los abrazos que me he perdido y que siguen esperando. Que todo fuera así como escaparse de la sal y reventarse en la arena.
Que nada duela, ni los golpes que te dejaron sola.
Sigo porque mis latidos tienen nombres tan rústicos.
Los que siembro conmigo y me siguen. El latido que inventé y me dice: mamá. Espero que el mar se esconda por siempre en los caracoles.

Segunda persona en tornado

La fatalista   esta   que le dice al mundo su equivocación,
la no convencional   la que se exime de asegurar la vida
porque no cree en la cotización,
la que vive al ritmo de un tambor y entre flores silvestres
la que se deshilacha por ese Dios que no tiene conjeturas
ni sigue a un papa que viste de blanco con anillos turquesa
la del bosque húmedo entre piernas
que tiene su parte de oxígeno y mestiza
la que se aísla para ser puntual
no para olvidarlos
a ellos   los que no aman
la bufona de sí misma   filtradora en el tornado
que conoce la traición del idealismo
y sigue masticando –absurda– la ciudad,
la civilización primeriza por la guerra,
esa civilidad que no tiene lengua
solo atropellos justificados
esta   la del panal de avispas que se le tienta   sin humo o
con ellos,
la de pechos grandes
que no se deja mimar de cuchicheos
o cartitas de amor
si no hay mañana siguiente
la que tiene lujuria por el tren de la tarde
por el paso que sigue
claudicada
la súper mujer
esa   la otra que nace.

POSE

Miraré con la bandera que quiero,
en la pose indebida del hombre que saca su lengua para golpear.
Yo digo de Honduras
y sus callejones...
pero, ¿a dónde están los poetas armados
con la tecla virtual de sus pancartas
sin arrebatos del ego ni miedos del vacío?
Más les vale la guerra para acabar un nombre.
Ni derecha ni izquierda me dan el hambre para comer.
Soñaría con empujar canciones que reviertan los incendios y
salgan yigüirros en las balas;
con decirme humana más que demócrata o libertaria.
Nadie me convence
más que cuando mi hija pide en oraciones
un padre y una madre para su ausencia.
No callaré ni con el beso ni con la siguiente estupidez
nadie pide seguir mi ejemplo porque la luna tiene su propia luz
que la culpa siga muriendo en ustedes,
yo me voy con ninguna!

ANARANJADA SED

tengo la piel que sabe a mandarina
la premura de sentirte imaginario
cerca
tan cerca
como vuela la espesura de una nave
que llega pronto a su fin
vuela, vuelo   tan naranja es la imaginación
tan sedienta la estrella
tan ciego el dorado de un pez y la alfabetización de lo que soy

Todo atrapa mis sueños entre formas y colores
todo es tan marítimo,
tanto de luna
tanto de fuego
tanto de mí.

SEMILLA DE DIENTE DE LEÓN

El aire tiene el dogma de no mentirme
de decir que soy liviana y tenaz en el papelote
de rugir con el águila, el león, y los dragones,
de no morir en el intento para ser libre

la luz tiene lo que la arena esconde
agua entre los dedos
y un miedo incontrolable

se es
        para no ser
se tiene
        para liberar las burbujas
somos el incendio
de otro día
sin labios, sin piel, ni unicornios.

Girasol

Hay girasoles que tienen forma de espejos
de manchas que solo la luna mira en Van Gogh

miro lo que miro en la risa, en el miedo, en la agonía de la
       tarde y su salvajismo

viene la lluvia de nuevo
y me sostengo con la canción que me hace desear

lloro con ella,
con la lluvia de vuelta,
¿será la secuencia y la continuidad?
quizás, me miro en la siguiente pregunta
      –la que no entiendo–,
¿amaré de vuelta   en medio charco
       o   en medio de la estrella que se apagó?
la culpa es de un girasol
mal pintado

ESCAMPA

He tenido aromas de café en tu piel
el güisqui en tus labios encendidos
el rastro que se va para no volver

los truenos golpean mis sueños para dejarlos libres,
llueve, llueve,
¡y vuelve el poema donde debe estar!

ya escampas y aprendes de mis ojos.

Detrás de la libélula

es mi sombra. La piedra y yo, remolcando esta absurda espera. Vale la demora. El tiempo es infame cuando no se sabe aletear en el próximo vuelo.

sigo deteniéndome. Es crucial esperar algo. ¡A un otro que vuele conmigo o cómo arrullarme sola entre tantas hojas!

de todos lados miro escombros afectivos, residuos de existencia. Pedazos de manía que nos deja la cotidianidad.

quiero decir que tengo alas, que alimento la osadía de saber combatir. Me levanto. Pienso que sé pensar.

pero no es cierto, recaigo entre cualquier hoja que fluye más alto que mis miedos. Sigue la espera del otro minuto, del otro día que se profetiza muerto.

sé contemplar. Ni derecha ni izquierda. La hoja se posa delante de mí, de frente, con la mudez que se vuelve ya tan natural. ¡Nada espero más que un doblez entretenido!

la tierra me da su árida perspectiva. Soy ese vestigio de abandono. Sigo detenida en mí misma.

ahora miro lo que miro en otro. Le veo de frente. Sin la timidez de este azul que me domina. Se llama deseo.

me acerco. Al fin, el sol disfraza la agonía de esperarlo. Sé que es aquel, el que me encuentra. ¡No soy en él más que un instinto!

la espera termina en el siguiente turno. La piedra no guarda tanto rastro. ¡Camino con ligereza para encontrarlo!

¡tanta rutina para hacerle el amor!

FUGA

Sí, extrañamente sigue la sequedad
ni abrazos, ni ríos,
la única excusa es un disimulo que no entiendo,
un grito torpe que me encuentra en la autopista,
me gustan los errores ortográficos,
él escribe en mi cuerpo los signos de exclamación
sigue mi aburrimiento.

me preguntarían, si tiene costo alguno   amarlo,
o es la montaña
que gravita
que espera
cuando muerde mis pechos
y le nacen reinas de la noche.

huyo con su extinción a otra parte,
como si París lo llevara en un simple llavero
y callo
porque   lo luminoso y la noche
tienen un viaje distinto,
todo es consecuente y distinto en la huida.

Meollo selvático

Vuelve la selva cubriendo el camino de pasto y las ideas son montañas que no descubro.
Tengo el dogma de lo inaccesible en esta mano que escribe desde la piel y alguna palmera desconocida.
Repunto con señas en la pared de mi cuarto, la permanencia extraña de quién una vez me dio su sombra. Me sigue con la salvedad de que cierro los ojos y se deja ir.
O lo dejo ir con la batalla de que puedo olvidarlo.
Asumo de nuevo los instintos y las trazas de animal moribundo. Es un día imposible de gobernar. Me miro en una arboleda descifrando los ciclos donde la rutina se entromete. La lluvia y todo lo demás. Luego, el calor me dice que existe la continuidad. Y sigo en un lapso breve que llamo desperdicio. Dejo perder el tiempo porque las horas también merecen morir.
Todo es un hecho sucesivo. Guardar silencio desde adentro, desde algún confín de los músculos. Decirse que valen los días de alguna espera, mientras el café lo recaliento una y otra vez.
Todo se vuelve inmóvil con la estupidez de existir. Las botellas recicladas debajo del pilón y las mariposas de fieltro que adornan la refrigeradora.
¡Sigue la selva y el gruñido de algún animal que se asoma!

LA MISMA PALABRA

Doy vuelta en la cocina por la misma palabra de siempre,
por los platos que no acomodo para mirarlos vacíos,

      tan vacíos como esta memoria y sus coincidencias:

el aroma que murió aquella noche en su lengua y entre mi
      pubis,
la cuenta pendiente de luz y el poema que no acabo,
la intriga del gusano que se come mis violetas y el libro que
      llevo en mi bolsillo,

no cruzar del otro lado de la puerta y subrayar mi asombro
      por la Dickinson,

mi negación por entender la muerte y las teorías literarias,
enojarme por lo trivial del mundo y esa frase inútil cuando se
      despiden,
lo íntimo de escribir en el papel, una carta y el romance que
      solo se sueña,

las tres cervezas que guardo cuando decida olvidarle,
el ahorro que gasto con ganas como si fuera mi último día,
la absurda metáfora que escribo porque así lo quiero,

todo es regresar con mi culpa, y por la misma palabra de siempre,
darse vuelta en la cocina cuando enfrío   mis dedos y
      la cena.

La Burla

No es apta la acidez con la que me encuentran
pero no hay destrozo ni ruptura ni ciénagas,
de pie,
       sigo,
de pie
       sé caminar despacio,
de pie,
       contra la disparidad que hostiga…

ahora vienen los poetas
llenos de edificios altos
y un ventanal para quebrar
llegan con sus burlas y una lluvia que no cesa

ahora llegan los –demás– poetas
rastreando cigarrillos que no apagan
en su propia mediocridad

leeré loca como estoy,
leeré a pedacitos,
leeré con la furia de seguir haciendo el amor
cerraré algunos libros
me matarán muchas veces
comeré de sus manos
todo para seguir caminando!

Contra el muro

Soy madre y mujer.
Habitante de mí misma.

Consciente o no,
existo en un cuerpo,
y a veces soy esa brasa que lo desnuda y lo destroza.

Mis senos siguen amamantando,
mi pezón es una semilla
que crece cuando siento deseo de bosques,
del madero y sus refugios.

No ocupo de un hombre –no se sientan heridos–,
si solo me dejan desagües o dictaduras en mi vientre.

Conozco más de orgasmos que de tradiciones filosóficas,
quizás Orescu o Pessoa sí pueden atrincherar la vida
con minúsculas grafías,
yo solo tengo una Mayúscula ansiedad
de inventarme un final feliz,
escurridizo,
y sin prisa.

Mentiría si digo que a veces no me siento como madre,
ni como mujer,
y me rebelo frente al muro civil,
inmovilizada y atada
falleciendo en la confusión.

Porque SER se vuelve una regla que se inventa
en un juego –donde hace rato– ya no coexisto
e ignoro el cómo inventarme.

Es insólita esta función de manejar mis brazos
            imaginariamente en otro abrazo.
Entonces, desesperadamente abrazo a mi hija.

Sin embargo, el ayer termina en el mañana que empieza
para seguir desnuda
casi ceniza.

Profecía

Tú que dices que no es el tiempo para hacernos el amor
que la profecía no consigue ser el texto de tu cuerpo
que la burda idea de vernos desnudos
será en la ceniza de la posteridad

te difamo   cobarde
inútil   asolapado   analfabeto de mi sexo
eres la demencia que nace de la voluntad
la hoguera reprimida
el vértigo que existe en una sed que no entiende
macho que se ofende por mi virilidad
por ser yo quién te diga: deseo

abreviado   con puntos y comas   grillo que no sabe
tararear
lesiona esa calentura con la que solo escribes
no será mi piel en el torso de tu espalda
no será la gota en la saliva de mi labio
no serás y punto

lo seré donde no te importa
donde te caben las ganas
en la orilla del colibrí
en el norte o en el sur
donde repunta mi clítoris
lo seré   despacio   con las piernas abiertas
con el universo y sus agujeros negros
allí, donde jamás verás mi solsticio.

Delirio

Que todo se borre conmigo, el dolor de mi fruta que se pudre para botarla, que se adentra en el vacío para despojar su miel.

Me lleno con la siguiente pregunta, por encontrar el ángel que me acompañe porque son los ojos de un hombre los que temen mirar. Me he vuelto torpe sin ellos. Rota. Sin más vino que se beba.

Que no pierda la vista a mi arruga persistente, a mi mano flácida y sus fronteras; ya es tibia la palabra en mi piel.

Abro la puerta de donde siempre vengo, de este país donde guardo mis árboles, del mar con sus múltiples delirios, de la lengua chorreada y del sexo en el callejón.

Desheredada me busco. Viajo como isla en la redención a los dioses. Hago mi último recuento y viene la palabra a buscarme. Ella va con su peso de ermitaña, con el labio que ya ni besa, alucinante y muda.

Sigo sin nombre para nombrarlo. Ya sin sed ni reproche. Vence la lástima. Un cuerpo yace sin fértiles tierras. Sigue el despojo. Me desnudo de otra forma.

¿Quién predice el reparo a tientas de mi cama?
En el otro extremo de una pared desparece la sombra de siempre.

INTACTA

7 años de madre enredadera,
la pared sigue igual, intacta.

La raicilla sigue en mi regazo,
decirme que cantarle al oído es
cantarme a mí misma.

Los cólicos me dejaron noches entre los ojos.

Detrás del ronroneo, brinca el conejo gris
y juego a perseguirle,
sabemos saltar la patineta en su desorden de universo
y me caigo debajo de su risa incontrolable.

Me ha gritado, a veces, muchas lunas que no entiendo,
me asusta que se sienta perdida, que me pierda...

Amamos el chocolate por la única razón de consentirnos.
(Me roba el último pedazo porque la historia es decir que me ama)

La llamo como el mar de insolente
y me llena las manos de olas.

Ya conoció a su padre,
la otra enredadera.
No me debe la furia,
ya la encontró.

Me han citado en la escuela
y me contenta con un sobre de carita feliz,
su madreselva es distinta!

Ella es mi invento para seguir respirando,
para no dejarme perder a la otra orilla del río.

Me dice por qué la muerte,
porqué Dios no tiene casa donde se le mire,
porqué de tantos porqués que no tienen réplica.

La miro adormilarse
y me da miedo dormirme –sin encontrarle una respuesta–.

Lo acepto, no logro subir tantas gradas, a la vez.
Aun así, la pared sigue intacta
y la madre enredadera la sigue cubriendo.

Picadura

Se mueve la luz en –capoeira–
y sigue el desmayo o mi perversión.

Dejo de ser en el polen
o en el semen que destila…

Huyo de la ideología con la que me tocan
y huyen de la picadura con la que desean.

Bastará con seguir el vuelo,
desapegarme de la corola,
chupar los humedales…

todo bastará
¡en el vacío!

Partida

Dejo esta casa con el aire que ya no es aire de mi historia.
En cada caja recuento los objetos que fueron tocados,
        absorbidos...
Permanecerán los añicos del plato y el susto de mi hija;
los trozos del mosaico donde sepulté un nombre;
la desidia que siempre volvía a ciertas horas;
el sexo lejos de la noche y todo lo que no termina.
Esta casa que huele a distancia quedará con la puerta abierta.
Será inútil decir
que aquí vivió alguien que sabía soñar,
que tenía pájaros en las manos,
y un *Oporto* sin descorche.

Será inútil repetirse lo que no tuvo sentido,
la otra oportunidad de dejar vacante
lo que siempre era lejano.

Cerraduras atoradas,
celosías que mienten a la luz,
aullidos de gata que no duerme,
que no duermo,
y grito...

Esta casa será otra casa
ausente de lo mío.

Hollejo

me voy lejos de la ciudad,
de todo lo lejos que habita ese disturbio de imaginarlo
           conmigo.

me dejo aquí para habitarme en otra,

¡ya nadie me aguarda!

me voy de aquí para deshabitar la que soy,
artefacto que late a la intemperie,
hollejo y melodrama.

huiré de Dios en los bosques,
de mi madre,
de mi hermano,
del amor tan digestivo que todo lo desecha.

nada por ahora más que ser,
libre de actualidad,
del tacto que asesina la niña ingenua que todavía me crece
y quiero que viva   para imaginar.

solo faltará llevarme el azoro de siempre,
la rima que no rima con mis jeans,
las mordeduras imaginarias en mi pezón,
y ese estribillo donde deporto   lo imposible.

seré terca en la altura de las nubes,
quizás luminosa en otra piel.

seré la ciudad que quiero inventarme,
las frondas de mi jardín.
oleré el hinojo,
haré pastel de ruibarbo,
sembraré lechugas orgánicas,
y bailaré con los niños   hasta cansarme.
ya no está lejos,
ese lejos   que se quedaba conmigo.

Las señoras poetas del té

La mesa tiene una alcurnia de apellido. Las tazas de té, un resplandor de academia gremial. Se sientan las poetas. Te miran sentada en el sofá, allí donde es tu lugar. No hay suficientes sillas para compartir su mesa. El té tiene un aroma distinto, siempre serás distinta. No es un asunto de mujeres feministas, sino de no saber mirar. No te miran, no existes. Mujer a mujer con su plato de galletitas. Tu galleta no es premiada por ningún concurso, seguirás invisible si no usas su receta.
–"Soy humilde con solo mirarte desde el sofá".
El té se enfría. Siempre nace esa incomodidad de donde poner la taza si estás sentada en el sofá. Las miras desde allí, ellas tan desocupadas de poesía. Solo buscan seguir en la mesa, tomarse todo el té y toda la atención. Hay solo una manera de limpiarse con su servilleta. Año tras año, dan su lista de resguardo. El té debe protegerse. Tienen un nombre y un punto seguido. Las del sofá son su punto y aparte. De algo les sirve. Alguien debe mirarlas. Hay una coyuntura en ese señorío. A veces, es tolerable y en otras, te nace una rabia asesina, como decirles que la poesía tiene otra forma, que no siempre es una señora, respingada y de títulos universitarios. La poesía es la mejor deformación de la existencia. Es sentarse en el suelo. Respirar por todas partes y ser en todos, sin aspiración. Es necesario a veces, rodearte de basura porque la vida tiene muchas veces olor a basura. Te levantas, no soportas ya la hediondez de mantequilla, las galletas crujen en sus bocas. Las señoras poetas del té.
Prefiero el té al aire libre. Me levanto del sofá. Es hora de seguir caminando.

VUELO DEL COLIBRÍ

Sigo a la espera del colibrí para contar que la historia tiene un
    final feliz.
La heliconia tiene la misma dirección de mis ojos,
la muerte que se esconde debajo de cualquier hoja,
debajo de cualquier rama.
Apunto a otro plumaje en la madrugada,
y me rasco la sequedad del agua que no me cubre.
¿A dónde mirar entonces, si la bruma sigue donde debe estar?

Mi paso de vuelo no deja rastro alguno. Todo es así.
Volar y reposar. Mirar el adormecimiento.
Mirarme dentro de él
porque es la única opción o
encontrar un pasaje que rompa este simple instinto
de seguir volando!

Decadencia

Pasa el aire y me aprieta el paso de la respiración. La fruta no
    será madura contigo.
No miras la belleza, aunque todo es bello por dentro.
El cascarón tiene formas y juventudes. Mi abrazo es un blues
    que se escurre lento y frágil entre cobijas.
Te diría que no entiendes nada de lo que es verdadero.
Azul de marzo tuvo la forma de mi amor incontrolable.
Diciembre fue el mes donde te amé llena de árboles
amarillos.
La nieve se ha derretido donde yo la inventé.
Abril tiene su decadencia. El deseo que no duerme en la piel
    de mis hadas.
Es tiempo de que mi cuerpo sea de otra primavera.

ÚLTIMA ESCENA

Me regresas y me devuelvo numérica
como los meses que pasan
sobre el cuerpo que ya no parece ser,
pero es...
en la suma de todos los vértigos que te imaginaron.

Asumo la respuesta en la siesta que me obligo
para regañar mis impulsos,
y dejo uno y otro libro por toda la casa
como esperando que sea algún personaje
el que quiera asumirte.

Y los diálogos se pronuncian,
los cuerpos aparecen...
y la noche llega para sepultar tu sombra.

Ofrezco cenizas a los dioses.

¡Te volviste mítico desde mis entrañas!

.ZIP
(2016)

*Por la vida construida
con mi madre,
hermano
e hija
en esta parábola cotidiana.*

ÚNICA APROXIMACION DE DIOS

I

Cuando la arena se queda pegada en la boca de un niño,
uno no sabe si contar historias profanas
en un pueblo donde los grifos siguen abiertos
y se llenan de tormenta junto a las lanchas estancadas en la
      arena.
Es tan profeta la sed de decir,
tan ansiada la voz,
tan recurrentes las preguntas cuando los zapatos marchan por
      tantas
calles y destinos.
Sencilla la letra, detenida como un Dios solemne,
nos dice, dice, de las horas que invento multiplicarme,
o es la otra mujer,
las otras que se sientan a esperar paisajes extraviados,
telas para cubrir a sus hijos como si fueran marfil ausencia en
      el vacío.

¿Quiénes preguntan por la cadencia de la pirámide
inhóspita,
de los barrios del sur americano,
de los suburbios neoyorquinos ,
de los intérpretes del pez en su exilio,
y toda vertiente de los desaparecidos?
Podemos fingir las muertes que no se reclaman,
silenciar la oscura edad, la nuestra,
la de todos los que descansan en su celeste forma de
encontrarse.

II

Se ha perdido el límite de la luz,
el espacio de la oscuridad.
Se escucha un finito que abraza el miedo
para decirnos que no estamos derrochados.
Uno se hunde de todos modos en el mar de las apariencias.

Uno es un pasado diminuto:
–Alimentar las aves rapiñas de su jardín.
–Besar el pubis crédulo de las semillas.
–Matar las existencias del ojo estelar con que imaginamos a Dios.
Uno es una pregunta que olvida responder.
El esqueleto, el signo, la desnudez tienen azogues y paréntesis
cuando tomamos un café por la tarde
y remediamos con el amor,
lo cicatero. Es un homicidio.
No existe aproximación si la fe está muerta.
Si el fuego depara la certidumbre.
Si lo muerto no es más que ausencia de azul marino.
Si la hoja es tan saliva en la existencia, tan húmeda de sí,
tan próxima de pan en la mesa.
Los jóvenes siguen sin escuchar.
Tarareo la historia de la sal cuando los veo.

III

Tan vivos de secretos y escándalos.
Yo paseaba con mi blusón de pana en su búsqueda.
¿A dónde encontrar la profunda ostra de lo perecedero?
Cesa el orden de las cosas, los amarillos experimentan.
Tan destino es la hierba donde nos acostamos
para hacernos el amor en la inmediatez del reflejo.
Alabar peligrosamente contigo,
el mundo que nos descubrió,
el auxilio,
la conciencia de lo improbable,
ese perímetro en donde el hombre necesita rezar.

IV

No más a ciegas con el trigo o los peces de colores,
tanto barrio con lluvias en sus cuerpos,
tanto abandono en tantas profecías.
Así dormimos cada noche con la mínima aproximación de
      Dios.

.ZIP

Me miro al revés
como si mi nombre empezará con "zeta",
zodiacal,
zopenca,
zarposa,
zigzagueante.

La complicada conjetura de un sonido que no remedia su
soledad,
zorrilla,
zafarrancho,
zamba,
zumbido.

Volverse objeto de la estupidez social,
zanganada,
zarina,
zangarilleja,
zozobrante.

La "z" que se muerde para dormir,
zzzzzzzzzzzzzzzzzzzz,
irreversible tono de la histeria,
.zip,
concuerdo con el insomnio y sus archivos insolentes.

Todo es un látigo para desear,
–la zeta del zorro
–la zeta de Dragon Ball.

Dejarme la piel de zetas y puntuaciones,
zacate que ya no cortan
zapato que solo usan,
zoológico que atrapa bestias,
zaranda sin tamizar,
en fin,
es el verbo que me traiciona,
me zangolotea,
y me zambulle
o vos,
con el zarpazo de tu abandono,
el zanate de tus conquistas,
el zurcido de tus agujas.

La zeta que me convoca a la realidad,
la pastilla Zoplicona que adormece mis cansadas
posibilidades,
la TelorZZan que ahuyenta mis delirios,
o el dios zurdo que esquiva mi corazón.

Me sigo mirando al revés,
en mi zona norte,
en tu zona sur,
en la zarzuela de mis antojos,
en la última palabra de mi abecedario,
en el .zip de mí misma.

MAREMOTO

Mar de vos.
Mar de otro mar.
Mar de amar.
Mar de desarmar.
Mar de sosiego.
Mar impávido.
Mar contra sol.
Mar despacio.
Mar influyente.
Mar estelar.
Mar de auxilio.
Mar de suicidio.
Mar de mí.

HUMANÚMERO

La vida se endurece como el pan de hace tres días,
uno no sabe si botarlo o
hacerlo migas para los pájaros que nos recorren el abandono,
porque todos tenemos algo que ya no sirve:
las recetas de nuestros propios vicios,
los amores que se alargan sin desearse más por ser rutina y
        rastrojo,
los armarios llenos de inconsistencia,
las miles de preguntas que me resumen la actualidad.

¿Si mi hija hubiera nacido en Ayotzinapa y la sintiera perdida?
Correría por las calles como loca inventando oraciones de
        sacrificio a
todos los dioses.
¿Si compro peluches del ébola virus como si todo fuera un
        juego de
espacios geográficos?
¿Si hubiese sido mujer en Irán y alguno de todos me
agrediera, iría ya
con la soga de la indefensión?
¿Si digo patria por decirlo en el cementerio, desde un púlpito
        o en una
asamblea general, dormiría para siempre en los rostros de los
        minoritarios?
La poesía me resuelve todo,
—migas de pan que debo recoger—
o panadera de universos.

No la subestime

> "Mi poesía puede perfectamente no conducir a ninguna parte."
> NICANOR PARRA

La poesía tiene aroma de zacate de limón,
revierte,
despierta,
anula,
contradice,
palpita,
atraviesa,
demuele,
crece en la desesperación,
apoca el miedo ser del solitario,
convierte,
teme,
valida,
a veces solapadamente cursi,
renegada,
abstracta,
larguísima de asfixias,
o cortita de remilgo abrazo,
carburada,
encendida,
con golpes de tambor o címbalos.
Puede ser tan Poe con sus misterios del aire y del cuervo que
    habita
descalificado
o puede ser tan Nicanor Parra donde la vida diaria
    tipifica la especie
humana con su abrupta manera

de verla con asco, tedio y demolición,
pero tan poesía, sin líneas ni mediciones,
solamente escrita para vivir dentro de sí.

LO QUE NO SOMOS

No somos mujeres artefacto. Ni tinaja donde se recibe el
    semen. Ni
arteria adicional del otro sexo. No solo perpetuamos
    descendencia.
Donde los siglos dicen que nació de una mujer, porque cuando
    esa
heredad ya no es permitida se abandona el amor.

No es solo cuerpo que suda en sus orgasmos ni sé cómo
    decirlo después
de eso y del siguiente día. Donde no hay caricia que se
    frecuente. Y no
es atropello decirles a los prejuicios que ya son volátiles y
    que no
aceptamos tiranos en el cuerpo.

Ya no somos como éramos. Se ha traspasado la sucesión
    en una
continuidad distinta. Ser desde todos los ángulos, desde
    todos los
silencios que nos daban miedo. Ya la voz tiene otro sonido
    plural de
mujer.

43

Se llevaron nuestro miedo, a los ausentes,
con sus 43 asientos,
un número en la desaparición,
los que siempre fueron invisibles
hasta el día que los hicieron visibles de ausencia,
es para perdonar nuestro olvido, aquello que no se resiste en
          uno,
que se permite ser en las batallas necesarias,
lo que se repite en la constancia del silencio,
de los hijos que ya son hijos de la muerte,
de los seres que serían lo que su libertad les permitiese,
así somos, tan incólumes del fuego, verlos pronunciados
como un número,
como una bestia de desolación,
como un 43 de profecía a todos los desaparecidos del
          mundo,
que venga el canto de todos con esperanza, canto
          desencanto...y sus
calicantos.
¡Que la luz sea más que una velita encendida,
que los padres no abracen el aire de la espera, porque solo
          tienen un
cuerpo de ceniza, de trozo inhumano en los costados de la
tierra sin
sepultura!
Tan allá están con nosotros, esta noche, en el día donde siguen
muriendo inocentes.

Ante el semáforo

A Marypaz

I

Ella y yo,
cruzando la calle
sostenidas por la misma raíz,
pasamos el color de los semáforos,
el tiempo se aniquila de rapidez
y hay vértigo de alturas en las ventanas y los cerrojos.
Ella me toma la mano con la seguridad de que me va a cuidar.
Y yo, acepto su amor.

Ante la pantalla del computador

II

Ella tiene el marco donde juega la exactitud.
Corre la silla, atraviesa recurrente con sus olominas entre
      sus manos y
el teclado, dice que ese es también su invierno compartido
con el mío,
donde no es suficiente uno propio,
porque somos planetarias de ese mismo hoyo
donde nos nace el poema,
la forma o una letra suelta y despeinada.

ANTE UNA PREGUNTA

III

Y te posas libélula
en el principio del mundo,
donde la oscuridad de una pregunta,
no es otra forma
que la de encontrar la luz.

ENTRE CHOPIN Y VOS

Con los ojos cerrados está la memoria,
la invención de abrazar humedales, tu cuello,
Chopin por tu sien y entrepierna,
afluencia sonora de dos cuerpos.

ESA LUZ DE TU PIEL

A una violeta de mi jardín

Tan azul mordisqueando a morado.
Tan flor como húmeda de la hora que no termina.
Tan así es el labio que te debo con furia,
como si fuera desazón amarte flor.
Flor piel que se adentra con un amarillo, sin pudores en tu
      espalda.

Des–olvido

Allí. Donde se esconden los pájaros rojos.
Donde las ramas dejan su música otoñal,
donde las niñas detienen sus cantos repetitivos al son de una
        hamaca.
Allí. Dejaré tu nombre
para que el eco lo olvide.

Presente

En la humedad de un espacio pequeño,
no en mi cartera,
ni en la memoria,
ni en el siguiente segundo.
Estás como líquido
recorriéndome vertical
de la forma en que existes.

CAFETEANDO

Te bebería en una tacita de estrellas,
en medio de un aroma de esos mañaneros
y con exceso de azúcar,
te daría la tarde completa con pájaros en las manos
¡y un jardín de besos!

COMIC

Y
la
espera
tiene
una
luciérnaga
escondida,
candil,
precipicio,
largas
horas
como
tus
brazos
de
héroe
en
mi
triste
caricatura.

Desamparados

Y manejo hacia el sur
—a donde vivo—
en donde los cerrojos
son comunes y habituales,
hasta esta cerradura   —mía—
donde están mis batallas,
sostenida de credos que me invento
y me son necesarios,
donde la basura se estaciona
en los recibos que se consumen
y dicen todo de nosotros,
del vacío que nos inutiliza
y el acomodo que nos implantan.
En pleno alto,
supongo pastos verdes con la luz disimilando soplos,
aventuras y el corretéo ágil con mi lentitud desapareciendo,
y otros me siguen con sus bicicletas para parquear la rutina,
de imaginarnos.

Termino la esquina donde debo doblar
y ya casi llego a los espacios
donde duermen las utopías,

no siempre se puede maldecir por maldecir
lo maldito que nos asoma,
prefiero días para acumular puntos de credibilidad
para la existencia que todavía me habita,
ingenua
y viva.

Carnívora

Carnívora es la forma accidental de injertarnos plantas en el
 cuerpo.
Mordernos una tarde –asustados–
como si fuera una primera vez de todo.
La única forma intrépida de devorarnos,
vos tan de lejos,
y yo tan cerca de realidades que no existen.

ESPERA

Sé que vendrás
entre ese beso donde el verano tiene frutas en sus muslos,
esa cáscara madura entre pieles
y me comeré sus higos,
despacio,
húmeda,
doblegada...
todo por la semilla diaria de escribirte en mí.

FRANKLIN

Mi hija se dibuja como si la vida fuera eso,
un dibujo de afectos redondos,
de manos cercanas y precisas.
El tío/padre que le ayuda a crecer
como flor silvestre y que brota de una familia distinta.
Porque el amor es distinto en todos los dibujos.

Cuando lloran las tortugas

Al ambientalista Jairo

Verde o azul es donde huye la tortuga,
disidente Jairo de las luchas pequeñitas.

Todo el mar es su testigo
y la afrenta es cuando un hombre diminuto quiere
salvarlo.

Coral –voz– sepultada,
arrullo de ausencia,
mar del mar ingrato
que te hace arena
y te asfixia impune...
deja tu ser de oxígeno,
hombre-tortuga del océano que llorará
su abandono
para siempre.

MI PROPIA BATALLA

Esa es mi batalla:
común,
ingenua,
dócil,
de verbo y labio.
Y del vivir prescribiendo
los demonios del día.

Mi demencia

La demencia es un estigma.
Marca soles de desaforado desierto –casi quema– en la
 bioquímica
involuntaria del ser.
El demente será demente porque sí.
Tan dementemente bello que pinta girasoles, nubes de
 azulada forma y
movimiento, corta orejas, escribe notas de profundidad
 sonora, se
mueve en altibajos de cadencia musical, casi una operística
 forma de
sentir los sonidos, esos huracanes que hablan en do, re,
 mi...hasta creer
que una nota provoca la resurrección.
La demente siembra flores exquisitas: patalea cada rosa
 como un
accidente divino, escucha y persigue pájaros para llegar al
 cielo, toca la
rigidez del tronco, se asombra de la gota escurridiza, cocina
 con las
especies como si su búsqueda fuera otro continente,
saborea
 los besos
dulcísimos de tierra, de oxigenación, de azúcar.
El demente ama todas las cosas,
 hasta su dolor,
 su olvido,
 su vergüenza.
Desata sus furias con el manejo de la luna sobre un río,

perdona su ingenuidad, su clamor de ostra cerrada para
 siempre.
El demente pierde el tiempo, se va de sí mismo, se va hacia la
 dócil
permanencia de lo finito, no le teme al odio, ni a la muerte
 desde
cualquier ángulo, más bien la espera como si fuera nacer
 desde la
profundidad, desde un colibrí o un coral de colores
intensos.
El demente se ve en todos desde todos, es invisible y burlado,
 amado
desde los fuegos compasivos de su sangre o extintos como
 insostenibles
por un mundo natural casi perverso.
La demencia es un estilo inhumano por la diversidad de su
 jardín, por
la luz que no se ve, por la belleza que se encuentra, por la
 ironía de su
sazón, de su rabieta irreversible.
El demente solo se imagina distinto porque lo es.

VIEJOS VERDES

No más acoso callejero

Desde la vertiente arrugada en su entrecejo,
van los hombres, los que fueron,
los que se creen adorno de pimienta,
los cabrones que menean su lengua tras la piel,
tras la catedral de los cuerpos, ya no para sí,
ni sus palabras de aceituna corriente,
sin relleno del deseo más que de mirar,
de sentirse dominio tras las piernas de las mujercitas,
de sus baratos verbos insípidos por lo que no les
         pertenece.
Tan épicos de balbuceos, de galanes,
tan efímeros e impotentes.
Están en el bar, en las calles, en las redes, en los nichos
         citadinos...
se les ve con sus sonrisas pronunciadas,
sus ojos desorbitados,
con olor putrefacto de colonia barata,
o están como mosqueteros, de trajes que dominan con
         bolsillo a las
cenicientas.
Cómo quisiera que estuvieras en mi frutero, mango
         podrido, porque ya
te pasaste de verde. "Verde que no te quiero verde".

VIVIAN

      Mujer que murió por cirugía estética de glúteos.

Vivian
has muerto por no aceptar tu culo,
por la osadía de no verte bella,
por el espejo que maldecías en la tarde
donde los lagartos esperan a la orilla del río, vos, una gacela
      de pronta
ingenuidad atacada en esa mentira de reconstruirse.
¿Adónde miraste equivocada?
Si un culo grande y redondo no es suficiente para morir,
para agrandar a los ojos de otros que te desean viva,
a tus hijos de brazos chiquitos donde solo era suficiente el
      beso
y la margarita del jarrón en tu mesita de noche,
o el collarcito de macarrones pintado por tus hijos.
¡Qué importa vivir sin nalgas en las montañas que
      oxigenan polen,
en la rabieta del mar y los pies escandalizados!
¡Qué importa si podías sentarte debajo de un árbol,
acuclillarte sobre el vacío de los aires...
posar la rabadilla sobre una tina caliente
y empujar los últimos deseos del tacto!

¡Un culo, Vivian, no era suficiente para morir!

Pretextos para pecar sobre el tejado

La luna es una minoría en tus ojos,
más que universo entero,
es rasguño del otro día donde imaginamos,
el ángel de cuervo bravío,
de incendios como la piel cuando dice que aulláramos de
        occidente
y de Norte, desde tu cuello a mi ombligo.

Miau, miau,
somos gatos negros con la suerte del despojo, la ropa caída
o
        puesta,
o intencionalmente depuesta
para descubrirnos la desnudez tremenda del oxígeno,
inhala ruidos de montaña,
de volcanes que esperan sobre los cuerpos.

Miau, miau,
apresura la lividez,
yo no oculto las distancias para decirlas
como si el silencio no entendiera,
que esa última gota del rojo
está en tu camisa
para desabrocharla.

Miau, miau,
la gata se encela en la ventana,
abre tus puertas y domíname.

VAGINA

Necesitas una vagina más joven y domesticada.
Un labio de entrepierna para fingir amor en los orgasmos,
un cuerpo de geisha sin contradicciones
y que viva a 50 mts. de tu casa
para que se escape de tus cínicos días
donde solo quieres tu resguardo de caverna.

Necesitas una vagina virtual
que se conforme con emails penetrados y ligeros,
y un Messenger con pechitos en los botones
para violentar tu tántrica forma de verme.

Necesitas una vagina delgada
que modele tu hilo dental favorito,
que baile el "cha cha" con su cadavérico cerebro
y atrape tus jadeos teóricos del único presente.

Necesitas una vagina plástica
que no te hable de sus remolinos baratos
en sus 28 días del mes,
que se despoje de sus hormonas y lloriqueos
para ser menos madre y más mujer.

Necesitas una vagina numérica
con señal de celular,
para que respondas animado con memes absurdos
y un radar que te indique cuán grande es tu impertinente
        soledad.

Por eso, te empaco en una cajita y un lazo rojo,
la vagina que necesitas,
¡ahhh! y úsala en solitario
para que no lastimes a otra de verdad.

Contra el día

Dormir es casi una decena de infinitos extraviados de mí
        misma.
No hay aparente disfunción ni trabas para seguir en los
        abismos,
o en el arrastre de un caracol doblegado po intuición.

Solo es tedio, repito, de no aguantar, de vaciarme
demasiado,
        de tener
mis carpetas, desordenadas como hizo profecía el psiquiatra
        que no
entendía mi paralela o meridiana forma de ahogarme sobre
la
        nada,
de los espejismos baratos que la insolencia me deja.
Harta de no seguir el siguiente paso de la monotonía,
dispar,
        transeúnte
del desvarío y el sofoque para decir, a veces: —soga, cuánto te
        deseo.

El otro vestido

Ella se quedó mirando el ventanal de la tienda,
como si fuera otro su aspecto,
como si sus medidas gravitaran de moléculas diminutas,
más estrecha de carne
y quizás, de ideas.

Hacerse luminaria, pero con esa luz estelar de pasarela.
Podría entrar para solo olerlos,
la ropa delgada debe oler distinto.

En ese otro cuerpo, me vería genial, pensó.

JAQUECA

Pedacito de migraña,
¿latido otoñal de mi dolor

o de mi bosque?

La misma

Mi elección como soplo de existencia.
No a la guerra de la idea,
de la rabia,
no es –si es sol debe ser luna–,
o si yo, debo ser otra.

INCOMODIDAD

A mis tíos abuelos Alfredo, Mario y Popo

La muerte es chiquita,
demasiado incómoda para encajar sobre los rieles donde
caminamos.
Tiene un festín para demoler la vida, a veces,
presurosa, lenta, arrasadora, fulminante,
parapléjica de interrogantes,
nada o mucho para entender que es cotidiana
y que vamos al paso de su sombra, tras su sombra.
Nada que decirse si se va el amigo o el tío abuelo o el
extraño que fluye
de otra manera.

No es despedir
a esa insolente muerte del día como se remedia la tristeza,
es tan vertical decirle que se vaya,
que no se asome más
cuando siempre tiene su nariz prensada sobre lo que
amamos.

Jaula

Pajarero, ¿dónde estás?
los límites son ramas
y la torcedura tiene un sol –también extraño– por su espera.
Allí, donde nace nuestra mentira
y la idea común de lo absurdo,
lo que nos traga este hoyo descubierto en una tarde tan negra,
tan llena de grises como suelen ser ciertos seres,
opacos,
diminutos de conciencia,
frívolos de estación,
meridianos casi inútiles de sí mismos.

¡Nacen pájaros rojos para nunca ser vistos!

CESÁREA

Mi vientre con su cesárea de pájaro,
tuvo una pausa mañanera a las 10 y 30 para morirme un
        poco,
mientras mi hija nacía,
allí maté mi soledad furibunda,
no era la piel de un hombre,
era la batalla de la primavera queriendo nacer en mí.

Tan lleno de papel de cebolla
con un chasquido del primer llanto,
golondrina que vuela desordenada,
que empezó arrugadita a sostener mi mano,
hasta este día,
donde me dice y me digo,
que ella es suficiente.

Mi operación matemática

Lo que soy es más de lo que no soy.
Lo que tengo es más de lo que no tengo.
Lo que doy es más de lo que no doy.

Siempre hay sumas de horizonte,
y si hay restas
es porque no se eligen los tornados,
y si resulta, es porque se divide en otras fases de la luna
y si se multiplica, es porque regresa
en lo inimaginable.

Es decir, soy una operación combinada
que da una exactitud de existencia única.

Casa de árbol

Fue un deseo silvestre.
Los tablones con la altura emocional de construir un
        pedacito de universo nuestro.
Una habitación de noches irrepetibles con luciérnagas
entre las ramas.
Una conspiración de piratas contra el aire que no entiende de
imposibles.
Una batalla de risas que se comparten porque la vida se
        inventa única y
aletargada.
Mi casita entre mangos verdes y ese olor resinoso de verano...
Mi niña traviesa que crece aún en el imaginario de un
árbol.

Mentira

Pobladamente mentirosa
es la forma de decirme que estoy bien,
hacinada.
Combatiente en la insolencia de la premonición.
Toma su lugar. Otra manera de imaginarme.

Delirios colores

En el preciso declive en que la tarde era un invento nuestro y
    el cuerpo
se me hizo una oruga de paso, casi cautivo entre tus
piernas,
    llamé a la
memoria –deseo– y el naranja era una pintura donde tu semen
    me pinceló.
Despacio es todo lo que me deja tu labio insensato de
    orfandades.
Elegía pequeña a nuestro encuentro.

El grillo en mí

El grillo despoja la obligación de cantar
porque su melodía es puramente noche,
puramente oxígeno,
puramente rutina y auxilio,
demasiado inmensa de acallar.

Tengo grillos,
cientos de ellos,
habitan en mi cerebro y están conmigo.

ORGASMO

El puntito de mi orgasmo es de espina y zarzamora.
(El puntet del meu orgasme és; espina i esbarzer. (catalán)

Refugio de un niño en Irak

Guardo las despedidas
y el abrazo de los otros en mi cajita de música.
Ahora bailaría al son de los miedos, pero estoy inmóvil.
Me fragmento.
No hay luz desde mis ojos.

Invento otro color como si fueran arco iris pintados en mi
c   uaderno.
Hay gritos de las flores marchitas,
de las madres que rezan, del aire cortado y su oxidante
         chillido.

Tengo amarras de artefacto. Nos acusan. Somos armas en la
         oración de
los otros. Dicen que moriré a pedacitos y que me apresure.
Yo solo puedo contener un –así sea–.

Tierra sostenida

> Ante las amenazas de Minería a cielo abierto,
> todos debemos luchar para que estos
> territorios no sean concesionados pues amenazan
> un modo de vida y ambiente.

Presiento la vociferación del bosque y su fragilidad,
los torrenciales que se desbordan de su propio rumbo,
los animales y sus crías resguardándose en sus trincheras,
las lapas sin dónde reposar su vuelo,
los pasos arenosos donde los árboles se amarran.

Yo me amarro a ellos desde la lejanía,
si ellos fueran   un poco humanos
o tan solo nosotros   un poco árboles,
un poco más especie de –mutualidad–.

Si detuviéramos los polvos de la maquinaria,
las erosiones que acuchillan la piel silvestre,
no habría más escenarios resquebrajados,
ni climas y sus resentimientos.

Deja lo profundo donde nace el oro,
la plata, el cobre,
la oxidación,
deja allí la ceguedad.

Daríamos la palabra   para contenerlos,
daríamos el poema   para pronunciarnos,
daríamos soplos   de sostenibilidad.

Ya fue

Tienes esa maldita consonancia,
ser hoja que cae sobre su propia sombra,
la liviandad de moverse entre el aire y los instintos,
tenerme como antojo, vaciarme, decir algo para encontrar
        tu voz.

Ya fue enero cuando decidí inventarte,
la luna sigue en mi espejismo,
nada es más calamitoso que no saber cómo empezar.
Vienen atrás los escombros,
me irritan y los insulto como si la guerra tuviera
        tu nombre.

Y regreso a una casa que tiene olores de ausencia
y en la misma ciudad donde nacen tus batallas.
Te llamas tan azul como el borrón que me dejas en
        la espalda,
el Dios que despide sus demonios,
el génesis de las aguas que se embullen.

Nada es más que buscar tu rebelión,
tu bandera insegura izándose en mi piel o
la frase incompleta que nunca terminas.
¡Ya fue enero y no me encuentras!

Pastel de queso quemado

Toco tu humedad, siento esa boca sanguinaria sobre mi pubis, pero me
llega el aroma tostado del aceite del sartén. Lo vuelvo a limpiar. Intento
de nuevo regresar a mí. Me propongo terminar el desayuno. No he
fallado esta vez.
Me siento a la mesa. No encuentro el tenedor. Abro la
gaveta y descubro que el metal de una cuchara es tan frío como lo
fue tu adiós.
Comeré con ella para saber olvidar, puedo hacerlo, aunque siga tu
lengua en mi cuello reventando volcanes.
Ardo, sigo ardiendo por no tenerte. El pastel se me ha enfriado.
Reniego.
El amor es un pastel de queso quemado. Eres un sobro delicioso.
Y como sobro que se quema y pareciera que no sirve, seré yo quien te deje…!

INCIENSIO

Tengo rayas en la espalda que el deseo no conoce,
líneas verticales que tienen puestas de sol
y horizontes donde las burbujas me dicen
que el mar me da la plenitud que necesito.

Hay aroma de menta y café
desbrozándose en mi cuerpo,
esperando el tuyo para beberlo.

Será la noche en libertad del día que no fue
pero que será muy pronto,
hay incienso con olor a violeta,
caerá en tu espalda que da a mi espalda,
nos oleremos cuando la noche caiga,
te lo aseguro.

VOS Y LA LLUVIA

Habito en medio de abreviaturas y lluvia, baldío de no ser.

Oscilo de irresolución porque nadie me domina, ni vos...

Rabia de latir bajo la luna.

A lo mejor, soy la pirata que sueña con buques fantasmas.

Con todo me queda –nada–,

¿ironía, tal vez,

o soledad?

Estratega

Hoy renuncié a tus maniobras —detrás de la ventisca—
o jamás volvería a ser yo con el viento.
Repliego tus juegos de batalla inútil, nadie es mi estratega,

así que repunta el dardo vacilante

cuando caiga otra presa en la broma numeral de tu safari.
Idealismo quijotesco de mi piel

o el destino mafioso jugando en tu lujuria.

Des-género

I

No me siento género.
Soy humanidad, un ser vivo que se expande mientras sueña y
      actúa
bajo sus vaivenes y revoluciones.
Escarbo debajo de los huesos y no encuentro diferencia.
Hay botánica en mi ceniza.
Contraparte de que —cada uno— respira y exhala en su
      presente.
Es la fábula de la dominación.
Mujeres que se desligan de su ser íntimo para buscar lo que
      no son o
mujeres que no descubren su convicción para dejar de ser.

No soy sobro del universo.
Nada de mí sobra para nadie.
Me quiero entera y así me deben querer.
Comparto la dualidad del amor.
Hombre y mujer —somos— revoloteos de la coexistencia, del
      regocijo, del
placer...

Hay supremacía en mi útero y en el valor de parir.
También doy a luz, hijos de la savia que domino con la
      imaginación y
las ideas.

Existo para abrirme perpetuamente
      ante el universo no solo
      para que
excaven el himen de la orilla que todos desean por primera
      vez.

II

Tengo derecho a saborear mi sexo con el ímpetu
subterráneo
        de la fogosidad.
Nada es impuro para la luna y el deseo recíproco de luz.
Lo indisoluble habita en reconocer lo que somos, y en lo que
        no soy.

Soy bella ante la misma imperfección.
Es mi deber sentirme hada del ansia y de los espejos.
No importa los contornos alucinantes de la moda.
Soy natural en mi piel y en mis caricias.
No consiento en que alguien diga lo contrario ni en las
        propias dudas de
cómo me veo.

No es cortesía que te amen como propiedad.
Soy tan libre como quiero serlo o tan esclava hasta donde me
        deje encadenar.

Parecerá extraño para algunas mujeres
—que revierten sus perspectivas en odio—
pero todo esto de ser mujer,
me lo enseñó
el amor de un padre.

Lo que venga

No sé lo que sigue...
siempre auguré lo sucesivo,
juntar la ropa y lo que me dejó tu cuerpo
como si fueran pedacitos de universo,
dejar la tempestad de tu lengua con acecho a la
        predestinación,
forzar impetuosamente tu "adiós" antes de que me lo digas.

Pero no,
me robaste el último sorbo de malteada de soya con sabor a
        chocolate,
pusiste al descubierto mi piel en desahogos,
y seguiste con hambre
hasta que insistí poner la rebanada de queso con chile
        jalapeño
mientras vos tostabas el pan en mis labios,
ya ves, insistes en que tal vez
es "el hoy" —el que no existe— y solo hay "un mañana".

Te sigo creyendo, aunque no sé lo que sigue,
solo sé lo que inventamos,
desvestirnos con la misma premura de que las horas son
        nuestras,
caminar de tu mano hasta derretir mi perplejidad,
improvisar un nuevo punto cardinal donde se posen tus 48
        besos.

Te he despedido mil veces
y me anticipo de lluvias
pero es lento tu verano,

quizás eres el que no se irá,
esa luz del umbral atando mi desosiego,
o serás el primero en darme sol, pero no el último.

Tu abrazo irrespirable me lo dice todo,
sigues allí dentro de mí,
soplando mariposas en mi vientre y dejándolas volar.

No imagino que siga después de todo,
pues fluyo como ola espesa en tu colchón de plumas
y solo espero lo que viene,
el génesis que enciende mi locura,
el punto donde grita el mismo silencio
y tu arrullo de pájaros que no me deja ir.

SI EL DESTINO NOS ENCUENTRA

Sé que no hay marcha atrás,
porque el atrás depuso mi pliegue en tu almohada rojiza,
aquella con la que me restregué sonora en tu humedad,
lo saben mis huellas que no se repiten,
lo sabes tú mismo con esta distancia,
lo dijo la piel la otra noche con su aroma de mate.

No hay trozo válido para una chimenea que aún nos espera con esa
mentira que aniquila el pasado sin encenderse por sus ritos de
amor.
El hollejo guardará su cáscara para sí.
Aún siento el golpe de jazz y tu tambor rupestre de
ovejas...
me timbra la piel como el CD postergado de deseos y que
nunca me grabaste.

Es tan lejos lo lejos que deseara escribirte mensajitos
telefónicos para
llamar tu atención.
Lo hacías con tanto deleite por el desahogo de la
monotonía.
Si pudieras deletrearme con tu celular y postergar la rutina de
no verme.
Disfrutarme con la misma desesperación por no perder mi
señal auricular.
Tanto presente y su desperdicio. Envoltura que no deja de
abrazarse.
Es nuestra fárfara agitada y sin límites.
Tanto de ti, sin mí.
Lobo que da por un hecho su salvajismo,

ese abismo de desapegos y su libertad.

No hubo sentencias solo mis gracias en tu libreta
       cuadriculada.
Te debo los cincuenta pesos del taxi, mis lágrimas y
muchas
       preguntas.
Bota los guantes negros donde se esconde el invierno y no
       olvides bañar
a tu perro con los residuos de mi champú.

Dejo mi piel en la tuya con pedacitos iracundos de mi café.
       Sórbelo
todo, huéleme en tu abrigo como la próxima noche de mi
       regreso y
bébeme de a poquito con la ironía de que no intentes
       olvidarme.
–Nos vemos…
–Que encuentres tu destino….

Hoy me llamaste vía Skype –después de tanto tiempo– y no
       tenía los audífonos.
Ya ves, cómo es el destino, hace rato compré la tarde para
       olvidar tu
piel porque se esfumó en mi teclado.

VIDA TÉCNICA

Maldita forma de decir que la poesía tiene un sentido técnico,
    si limpio
las cacas del conejo con la rutina técnica de usar el papel
    periódico con
la noticia estelar de un hombre que muere en un baldío al
    estallarle en
su estómago una cápsula de heroína. Y muere en el sentido
    técnico de
ser un burro más que muere sin zapatos y sin patria. Como
    los zapatos
que encontré un día en la acera de una casa esperando que
    alguien
descalzo técnicamente los ocupe. Porque hay casas como
    patrias y
zapatos sin huéspedes.
Maldita forma de encontrarle una mentira técnica al dolor que
    no se
inventa cuando la piel me dice resiste porque duele. O a la
    mente
cuando encuentra un aposento de miedo a perder la cordura
    porque
también hay casas como patrias donde se resguarda la
    demencia. Y
duele el sentido técnico de ser un enfermo que vive entre
    pastillas de
conteo diario como cacas de conejo.
Maldita forma de inventarse un mundo mejor del que
    vivimos, sí la
mierda existe técnicamente. Mierda es la palabra favorita de
    mi tía Ligia

que además de ser mi madrina, por más de cuarenta años me dio un
regalo en mis navidades, sin importar que técnicamente tuviera otra
creencia, otros dioses inventados igual de estúpidos que castigan las
ingenuidades. Mi patria que es su casa está llena de rezos, de pan
casero y de la mejor cajeta de leche con piña... Tiene todo de verde
como boñiga: los mantelitos, las cortinas, las velas y sus collares; pero
ante todo, dice con gusto: –mierda.
No es extraño que hoy, mi conejo siga con las cacas en su encierro
porque maldita forma sea lo maldito de esta mierda –que es la vida–
que es la técnica– de saber que técnicamente mi tía fue la
mierda más bella que murió de cáncer.

Demasiado

Demasiado tu cuerpo,
demasiado,
lápiz que quiebra su punta en el contorno de una esquina
donde no importa escribir los impulsos
y donde el beso es casi
un imaginario,
un precipicio,
una laguna mental,
un desvarío,
un demasiado imposible de regresar.

Porque el cuerpo suena

Porque te quiero en esta historia,
aquí,
presente,
cercano,
tibio,
lleno de madrugada
porque es la única manera de soltar el oxígeno
como un globo rojo que estalla en las alturas.

Tan dimensional,
mi paso,
y el tuyo imaginario,
posible el jazz que escucho cuando entras de forma
        inoportuna por mis
sueños y te quedas y dejo que entres como simulando un
        rechazo
fingido y estás y te mantengo ocupado para que el
despertar
        sea nube
contra nubes o una pieza de ajedrez en la rutina de jugarme
        para ganar.
Ganas la batalla de desearme como aquella tarde del beso
        nunca dado,
nada de poseer porque no se llama pertenencia
la última partícula de desear amándote.

No importa los púrpuras que nos nazcan en el despacio ir
de
        la tormenta.
Lloverá en la espalda las veces que sea necesario,
y mi lengua detendrá el cauce donde tiene que morir.

Solo ahí es donde quisiera morir entre esas muertes que
deja la ancianidad gastada de tanto abrazo, irremediable
      descanso
            sobre un
mismo pecho.
Tendrás la bandolina cuando uses mis piernas y me tocarás la
      pieza de
una forma magistral.
Tan así será el canto de la sirena,
el grito del pirata
y la osadía del buque fantasma.
Es la historia donde quiero inventarte.

Calicanto

No sé cómo, ni cuándo. Lo presiento. Él está allí.
Sé que abrirá la puerta, la ventana o el muro y me dejará
      entrar bajo su cobija.
Su piel tendrá forma de nube y podré reconstruir su forma
      sinuosa y tenue.
Mi lengua tendrá golondrinas para volar sobre su espalda.

Allí anidaré este espejismo hecho realidad.
La lluvia sigue, seguirá en mí, como lo fuiste mientras te
      inventaba.
No he tenido opción de que fuese distinto.
No es el destino el que viene a decirme que traza su
vereda.
Ya desde siempre supe que esperarlo es la única esencia
que
      no me ahoga.

Esto pasa como pasa todas las cosas.
El cuerpo se sosiega de un umbral indefinido.
Se sostiene o gravita de la manzana que espera morder.

Hay rotación y traslación desde mi Universo. Giro sobre él
y
      todo mi sistema.

Aunque tenga una luna sobre mí y otros planetas a los que
      amo.

Será distinto a partir de algo.
La espera sigue y yo, con ella.

Favoritismos

A Marypaz y a Mamá, cómplices desde siempre.

Diría que tengo muchas cosas favoritas:
aullar mi pieza de Rod Stewart mientras conduzco en pista o mi
flamenco cuando me traban las presas;
sacar la mano del auto porque te invento y tal vez existas allá afuera
como si fueras una brisa;
leer poesía –duradera del tiempo– y comer chocolate como mezcla perfecta;
tener en mi jarrón, flores con frescor y perfume;
ser reina de la noche cuando la piel me lo provoque;
acostarme en el césped para circular los infinitos;
Amaretto si la soledad pide, posada en una noche fría;
recibir la tarjeta anual navideña de mi amiga taiwanesa
pues me la envía ya desde hace 20 años;
remojar mi cara cuando quiero creer en algo y no puedo;
desabrochar…;
apuntar una metáfora donde y cuando me venga en gana;
amar lo trivial como son los imposibles;
fotografiar lo espontáneo sin referencia técnica;
pellizcar los cachetes de mi hija y recibir persecución por ello;
o acostarse simplemente solo para imaginar;
besar, pero sin destino recurrente;
bailar con mi madre su pasodoble en la cocina;

comer mariscos hasta el hastío;
esperar las exigencias de mi perra que me ladra cuando estoy

                ante la
pantalla o el control;
contemplar solitaria el horizonte como miniatura de
universo;
y empezar cuando tenga de nuevo que empezar
es decir, reinventarme en lo que sigue
después de un punto y coma.

Despojo de la noche

Espejo de flor que se libera y reflecta
en los recónditos parajes de la memoria,
abstracta,
cómoda de sí,
sencillez que no trasciende,
no lo necesita,
no retoña en las macetas de la imposición,
del campo, es su atrevido nacimiento,
crece porque su instinto tiene una liviandad de aire,
de fuerza matinal y nocturna,
de todas las revoluciones,
ácida por el sol que se asoma y la molesta,
se esconde,
quiere huir,
huye de sí y desde la tierra que la amarra...
libre es la osadía que pretende respirar,
¡libre será!

LAS HABAS DEL SUR

Dedicado a los pueblos indígenas del Ecuador y sus palpitaciones errantes ante los dominios de clase y la aculturación que se enraíza en sus rostros andinos, en sus carencias y en la resistencia de sus tradiciones.

Miro la insolencia con la que el sol apuesta mi muerte,
la niñez no tiene caballitos de palo
y hay betún entre los dedos,
la vejez llegará a su paso,
llegará con la doblez de resistir
puedo sonreír a veces,
por la gratitud del amarillo y su textura,
porque aún acuno leche de mi pecho,
con la suerte de verlo crecer.

No hay soledad en la espera,
el choclo y los mellocos se sostienen entre mis pies,
aprenderé de los otros que se siembran,

de los otros que se multiplican,
y sabré mirar lo que me detiene,

el sombrero sigue puesto y apunto al horizonte.

¡O viene la infancia que desde ya se resume o moriremos
        juntos!

Allí está todo lo que sueño inventar,
caballos galopando en una falda dentro de mí
y jugar con la luz en la esquina del parque.

Que suene el acordeón en las plazas de la memoria,
en los mercados donde se muelen las habas verdes,
en las calles donde se cruzan santerías extranjeras.

No repudio eso de mirar atrás,
con un vástago de fréjol tierno.

No tengo cambio para las promesas
ni para las inoportunas esperas de este largo azul,
¡larguísimo azul!

Mi piel será la de siempre,
maní tostado con el ají de la tierra,
y cabellera trenzada en la guarida de mi espalda.

Me seguirás mirando

con la extrañeza del siglo que no encuentras
o me darás una limosna para limpiar tus pies.

Me daré la vuelta para seguir cargando mis cruces,
seguiré prendiendo velas con la fe sometida,
con los dioses que no son míos,
para silenciar la espera,
para no borrarme en la próxima lluvia.

DULZAINA

Así era mi abuelo
y su dulzaina,
como la tarde que no se lamenta,
como el infortunio momento de no predecir la felicidad,
porque ella existe
así tan natural,
tan simple,
sin castillos,
ni canoas rotas.

Sus piernas eran un par de terremotos que me mecían,
su voz de azúcar y su saliva
que me silbaba océanos y primaveras.

Era el mejor blues
de todas mis edades.

EL BOTE

Flotación de mí.

El bote y yo,
nos posamos en la línea
donde se esconde el agua
y olvido...
si es que navego en solitario
o si es que huyo con él.

Territorio de mi sexo

Abre tu boca de pececito glotón y allí dormiré,
en ese vaso de agua que beberás hasta sorberme.
Flota, que nades sobre mis grandes pechos,
tan blancos,
tan espuma en tus labios,
tan insípidos sin ellos,
tan anacrónico por la edad que no merecemos.

Soy límite de ese deseo que no se cumple,
agua,
aguacero,
agua caliente de mi espalda contra tu espalda,
ay del lamento con que te sueño,
abierta,
abertura,
abeto como el bosque que me guardas,
y me talas de a pedacitos,
de boronas,
de silencios.

Deseo de labrador sobre tus gemidos que no cazan más
que mi fantasma.
Ama desde todos los lados de la piel y tu escondite.

Voy detrás, mira,
voy detrás de tu labio,
mira, desde mi río,
mira este deseo de pierna
que lame tus rocas
sobre el mar ancho de tu cuerpo.

Jardín de vos

Sí, te respondo:
tengo varios jardines,
uno lleno de flores silvestres en la piel
que crecen como enredadera,
puede que se suelten
con solo tocarlas
y crezcan más y más
desde la sien
/perdidiza de vos/.

Y tengo otro jardín,
solar,
desde las afueras de mi casa
donde se entibian
de una ternura que desconoces,
allí crece eso
que llaman abrazo,
/orquídeas desde el aire/
impune de esas sombras que no dejan serlo.
Delicia
es el jardín
donde se posa el péndulo
entre mis piernas
para dictaminar mi coherencia o ilusión
o para que sencillamente estés allí, sembrándome.

Por amor he hecho muchas cosas: hasta creer en Dios.

Escalar en Plutón

Tu montaña
es
un vértigo
donde se posan mis ojos
como dos constelaciones hambrientas,
allí…
treparía
desnuda.

CÓMPLICE

Presiento que las aves te dirán la distancia entre nuestras
    vidas:
ni tan lejos para llorarme ni tan cerca para engañarnos.
Estaré desde el rincón donde me busques,
desde el máximo silencio,
desde el sol que miramos juntas,
desde la arena que hundió juguetona el mar a nuestros pies,
desde las canciones que te canté de niña,
desde el abrazo sensible a mi dolor al que siempre me
diste,
desde la luna que con cielo estrellado pedimos deseos,
desde el perdón que siempre me diste con mis desbordes,
desde mi llanto que me evitabas haciéndome muecas,
así, juntas como sinapsis
que fusionan las conexiones más inimaginables,
como el amor que me inventas para inventarme,
para ser,
para latir desde tu esquina

y jamás descubrir la soledad sin mí.

Erotismo inédito

Vos y tu erotismo inédito.
Vos y tu cuerpo sangrándome.
Vos y mi perdida virginidad de lo que fue en tu labio.

Serás invierno en mi memoria o primavera
en este instante donde te escribo.

Sed de tus labios como la luna que me vence,
canela y huella del aroma que toqué.

Tócame, otro día, así como la rutina de respirar,
como si fuese un día que no se repite.
Te lo redundo a tus espaldas...
duerme, amor, como si estuviera a tu lado.

Minecraft

      Para jugar, Marypaz, solo debe existir, la fuerza de la gravedad.

Hay un mundo abierto,
aleatorio de dimensiones
donde se guardan corazones cuadrados,
el tuyo palpita entre bloques que ambos construimos para
      alcanzarnos,
amor tan de Romeo y Julieta
como de Steve y Alex,
tan criaturas llenas de abrazos que se cargan en las
      enredaderas,
o solo con la habilidad de teletransportarnos para morder la
      manzana
del infinito que nos espera.

Todo nos separa del beso, los biomas divididos desde
      desiertos a selvas.
El mundo nos pierde, nos caza como grandes arañas y
      zombis, que hay
que resistir en la oscuridad de nuestros cuerpos.

Él viene por un trozo de mundo para construir bloques más
      sólidos
como sólidos debemos inventarnos.
Un mundo no tan distinto a nuestro mundo,
un Nether o infierno que cada día padecemos

hasta ese logro de recibir "The End"
como un ciclo de descanso en nuestros pequeños triunfos.

Tanto reto es esto de vivir,
ataques de monstruos que parecen sociedades,
caídas, ahogamientos,
caer desde alturas o por hambre,
sobrevivir de extremos ...
todo es trabajo de cavar sobre uno mismo, sembrar huertas,
domesticar animales, cocinar alimentos, es tan espejo de este
        amor
rutinario que es la vida, tan de todos los días...
tan espejo de los proyectos a los que nos atamos.

Tan redondos y hermosos son tus ojos de enderpearls,
tan cerca es el dragón social que nos ataca
o tan natural la pesca del salmón, los calamares o el pez
        payaso.

Comeremos esto, amor entre una galleta y una zanahoria.
Para vivir el cuento de vencerlo todo
por tener una casa.

La loca que me habita

Puedo contar hasta diez ante la rabia por un demagogo,
perderme un instante porque pasó una mariposa,
regresar mil veces a una idea que me obsesiona
/remarcarla en rojo en mis notas hasta cumplirla/,
leer las etiquetas con devoción,
olvidar nombres como olvidar penas,
putearme sin llenarme de culpas,
putear porque putas madres son miles,
llorar despotricada porque se maltrata a un perro como a
        un niño,
sentir vergüenza ajena y propia porque a veces se necesita
        la decencia
o indecencia para derribar prototipos.

Puedo imaginar otros colores,
perderme con el olvido de tantos olvidados,
dejarme el invisible que muchos me desean,
propiciar la pregunta que nadie tiene respuesta,
convocar a mi espíritu con todos los dioses verdaderos,
¿acaso hay alguno falso?

Puedo intuir quién me quiere, quién no,
rebotar ante mis caídas libres como despeñaderos,
creer que muero,
que resucito,
que me acribillo,
o que me aman,
que me mienten,
que se burlan,

que la flor es bonita
y que nace en mí,
un nuevo pájaro rojo.

De soles y virus
(2021)

En segunda persona

Diría que ella tiene una vastedad de sombras. Es mentira que no sabe lo que pasa. Algo o alguien, la siguen con su ira despiadada. No soñó ese virtual durazno que comía muchas veces cuando encendía la computadora y le decía que solo 9 frutas tienen sentido para morder. Todo muerde. Las luces se vuelven escaleras que no atraviesan el prisma de sus colores. No hay matices cuando la libertad tiene miedo de desfallecer. Abruma que ella disimule todo. Se enciende, languidece, se asusta como animal en un rincón y enjaulado.

Puede ser que empiece otro día a despertar, y cada día lo olvida todo, es como un juego de piedras que se sueltan cada mañana y luego las recoges feliz por la tarde, y por la noche, y por, no sé… ella definitivamente tiene un tazón sin fondo de ideales, de sueños maduros y encendidos. Caminar por los senderos que no tienen rumbo, sin líneas donde la razón se marque como lógica. Solo quiere respirar profundo, darle besos a la bruma con su poesía de tristeza o a veces de canto o ternura. Puede ser, repito, que otro día, también recoja flores, suelte sus pétalos y camine entre ellos como si los senderos fueran para eso, para adornarse completa de aromas y pasos extraños. Pero jamás moverse como un espejo o marioneta.

Llora por los que quieren seguir mordiendo a sus espaldas y la azotan para recitarle sus modales, sus formas de poner las manos como si rezar se tratara de eso. Nada es para siempre, lo sabe. Todo tiene que terminar un día. Nada le dolerá de su blanco y negro que asusta a otros o de la forma como se viste como si eso fuera un maleficio o una bendición. Nada tiene su tos, ni su picazón, ni sus muecas que deba aniquilar para siempre. Nada de moverse como rastrero, ni volátil ni marino. Ella se ciega a veces del juego que sigue su respiración.

Puede empezar de a poquitos como un automóvil que se repara y espera en esa soledad infinita de querer mover su curso como si todas las carreteras dieran al mismo lugar. Y sique allí el ruido del mal asomándose por esa linterna que llamamos paz interior, paz consigo y nada más que con ella. De allí, empieza todo. Del deseo de alargar las bestias que nos amurallan con sus teorías de la felicidad. Cada quién conoce su desazón, su piedra preciosa porque siempre todos tienen una, ella la tiene. Esa la que se desconoce de otros, la que insultan de improperios, y juicios de vanidad. Será ella la que se encuentre con sus propios ojos y sus direcciones en la rosa de los vientos. No tiene miedo a equivocarse ante la futilidad.

Se empieza por algo. Y el dolor tiene allí su raíz. Su metáfora que no necesita explicarse ni andar en profundidad. Todo es simbología y conexión. Ella entiende que es parte de un árbol frondoso con sus ramas azules, o de color arcoíris como se pinta todo lo demás. Pero es claro, que ella debe romper su cascarón y salir huyendo de su cuerpo y de sus miedos. Será libre cuando así lo quiera muy dentro de su imaginación. O ya lo es y no lo sabe.

VERONA

A Marypaz

Llegarás a la estación del tren en Verona
con tus quince años,
sentirás el riel cruzando en tantas direcciones,
la vida vibra allí entre personas y paisajes.

Cuento que será una campiña en tus ojos
y un soneto en el silbido del aire que respiras.
El tren llegará contigo.
El tren se irá.
Y yo empiezo con el reinicio de tu memoria.
Es nueva.
Una memoria nueva.
No sé cómo empieza –sin ti– la historia de este recuerdo.

La felicidad es un vestido de hojalata

A veces cuesta ponerse el traje,
a veces nos protege y nos escondemos de su luz.
Ser feliz es una foto instantánea, percibe la rapidez de lo
       eterno.

Cada gota que bebo tras la sed,
cada piel que me toca,
cada pájaro que suelta mis propias alas,
es un cuento que invento de la felicidad.

El otro lado del silencio,
el otro lado de la oscuridad,
de mi ser maldito,
de la oquedad,
es el respiro de la próxima alegría.

Siempre queda un adyacente lugar del regocijo.

INSOMNIO

La luna la amarro a mis manos
y atraigo estrellas en mis ojos noctámbulos.
Hay pesadez en mis ideas y mi cuerpo, no duermo.
Es como extender la vida de otra vida,
seguir entre circuitos eléctricos sin interruptor.
No hay oración que se detenga,
regreso del aire cuando exhalo sueños despiertos,
quiero soñarlos desde otra dimensión,
solo se sientan en mis regazos a cantar canciones de cuna.

Zozobra

Esperar es un abismo inmediato.
Es liberar la zozobra del tiempo
y entretejer los larguísimos momentos
        del día,
           de los meses,
           de los años.
Yo espero la vida desde el vientre, desde la primera luz,
desde el primer paso que me hará recorrer la existencia,
desde el primer llanto que se sumarán a todas las lágrimas
        vividas.

Yo espero vivir lo otro: lo que puede ser o no ser,
lo que maximizamos o minimizamos.
Yo espero la muerte como partícula eterna,
como hierba seca,
como vida después de esta vida.

Hay tantas esperas,
cómo hacerlo ante el amor,
ante los nueve meses por un hijo.

Esperar es envejecer.
Es amarrar lo sucedido por lo que vendrá.
Esperar la espera de lo que esperamos.

Nicaragua, Nicaragüita

Queremos golpear con las palabras,
esta memoria de niños asesinados que buscaron su libertad.
Hay rastros de mariposas negras con lo rojizo estúpido de un
        dictador.
Hay calles cerradas que fueron caminos,
piedras que lanzan historias de amor, de trabajo, de rutina, de
        auxilio.

Hay madres, como yo, que esperan a su cría,
y su regreso, que no es regreso, la siento como mi ausencia, la
        siento como mi dolor.
Hay marchas de fúnebres banderas que aspiran
        reconquistar
                la paz,
son pasos de su esperanza,
su dosis de valor.

Queremos golpear con las palabras,
derrotar el poder absurdo,
la desesperación sin sentido,
la militancia ciega,
el partidismo que asesina.

¡Queremos golpear con la poesía!

Mi historia

#niunamenos

Yo debería odiarte.
Odiarte por robar mi ingenuidad de un anillo que sellaba mi amor para toda la vida.
Odiarte porque la primera vez que me golpeaste me dijiste
    que sería la última y no fue la última.

Odiarte porque me golpeabas contra el piso y luego, me decías que me amabas y me violabas con mi cuerpo ya
    insensible.
Odiarte porque las rosas no eran suficiente para olvidarlo porque amar se vuelve imposible.

Odiarte porque si te dejaba querías matarte y me sentía
    culpable.
Odiarte por la manipulación y ahogo de mi autoestima si
    decidía abandonarte.
Odiarte porque NO me mataste de una vez y debo recordarlo
    todo.
Odiarte porque sobreviví y de tanto querer olvidar, mi memoria está enferma forzosamente.

Odiarte porque quiero perdonar, pero no sé cómo.
Yo debería...pero ya no, ya no le tengo miedo al miedo, y
    cada día, sola me reinvento.
Y el odio es tu basura, no la mía.

ES BREVE LA VIDA

La edad es un recinto donde se guardan las estaciones.
De niños soñamos crecer a media lluvia, de adultos soñamos tan solo vivir a medio otoño. No hay terceras ni segundas edades solo frutos tardíos y maduros, frutos con goce de profundidad.

La piel es solo una cáscara que guarda lozanías en su espíritu interior.
El paso podrá volverse una sombra de la lentitud, pero el pensamiento será ágil y decidido. El abrazo llega a tener esa simetría de ternura inalcanzable y tibia. El amor se extiende, se extiende tanto como un jardín de amapolas.

Los hijos crecen cada noche con los cuentos de Hadas hasta que sorpresivamente al tiempo de un aplauso inmediato, repetimos los mismos cuentos con nuestros propios nietos. Siempre hay veranos cuando nos llaman Tita o Tito, palabras sinuosas de canto y alegría. Y aunque se imponga el viento en nuestras voces, las nubes se aligeran pronto, porque nuestro tallo se sostiene incólume, firme y con la sobriedad de nos desistir al miedo.

La edad es un recinto donde se guardan las estaciones.

La luz se refleja en el aposento de piedra

Cobija el corazón del hombre solo. Un río le acontece su paz con la ternura que le sosiega.

Ha sufrido con los que sufren, con los que sueñan estrellas infinitas, con la lejanía de la ausencia, tan humana como nuestra. Tan serena es su voz de ángel, y tan fuerte como el bravío oleaje de sus propias tormentas. Las vence con la fe inquebrantable de su semilla. La hace crecer en un jardín de muchos rostros. Tiene sementíos donde siembra y se multiplican.

Es la palabra amor. La voz de todos los oprimidos e invisibles. Me invento descubrirlo como un milagro. La suavidad implica mi disimulo. Un ángel así es sencillo. Lo sencillo no es fácil. Esta pandemia de amores no lo fue.

Hay frutas y lirios desde su corazón. Es casi una observación lejana, un imposible y a la vez, tan cercano como un asombro poético. Me adentro a descifrarlo, pero le doy el sinónimo de Universo. Es innumerable, pasional, profundo océano y noche de luna y planetas. Así le miro ingenua con demasiada admiración.

Ya es flor íntima, aunque no lo sabe. Está en mi jarrón primario y sentimental. Ya es lo que es desde la espera sublime. Es mi palabra sin obsesión, es mi paz cuando le leo tan emocionada de encontrarlo. Un hombre selva, así, es digno de cualquier felicidad y de todos los árboles florecidos en su boca.

ES TODO LO QUE TENEMOS QUE DECIR

A veces las palabras son gaviotas perdidas. Yo vuelo hacia el final de muchas historias. Alguna se quedará conmigo y será el presente de la vida.

No temo la estancia de mí misma. No me avergüenza la huella que doy, ni lo que llaman debilidad.

Una pluma o varias atrapadas entre las piedras del viento y su albedrío. Hay libertades imposibles, mentales y físicas. Es lo que hay en este resumen nocturno de lo que fue mi mañanera y franca palabra.

Hay más regreso que olvido. Y diré con firmeza que sí, he amado en pretérito y lo haré en futuro.

Eres el pájaro que duerme en mis sueños

Despierto como la rosa que libas.
En mi jardín abundan orquídeas de intensos dolores
pues el color ha dejado de importarme.

Ya solo quiero respirar bien y que me quieran bien.
Suelto el vuelo de este viaje. La tierra clama su llanto.

La pobreza duele como mis cólicos.
Me he resfriado de abandono,
el sol y sus rayos no dejan de mirar mi desatino.

El pétalo cae, así como las horas caen.
Ya soñar es un despertar amargo, un sinsentido.
Ya abriré mi realidad en unos días y me deshojaré
completa como una margarita.

Vestiré como lo fuerza el corazón,
una palabra tuya me vendría bien.
Así pensaré que lucho por algo.

LAS SOMBRAS

Uno a veces no quiere vivir,
y la luz se transfigura en sombras.
Eso queda del renacer en la metáfora del auxilio.
Decirse vivir no es el té del día.

Es la fuerza de tu movilidad
y ese primer paso hacia el sol del amanecer o hacia la luna
        taciturna.
No decirse nada y solo caminar sin culpas, ni con las malas
        decisiones.
Veo al cielo y encuentro respuestas.

La nube en un vaivén y a lo lejos, los Andes con su
        espesura de algodón
y mi corazón roto desde siempre.

Lejos desde mí

Tan fruta es el olvido.
Morder el sabor de la luz
porque ya el amor no tiene esperanza.
Ahora es mi auxilio y mi abandono.

No soy feliz sin imaginar lo imaginado e imposible.
Seguiré en la utopía y tal vez alguien se atreva a desafiarla.
No entiendo aún el juego de mi conciencia.

¿Es tan veraz mi instinto?
Tal vez, suelte mi mascarilla para no atormentarme de la muerte.
¿O ya no me queda nada más que el Universo?
Si es así es, lo asumo con desgarro.
No moriré al descifrar el color verdadero
de una manzana pintada.
¿No volveré a comerla?

¿Es fruto en mi cuerpo muerto?
¿Y en mi corazón?

Desde Chile

Puedo ser tu ojo trasgresor y una tira cómica,
tal vez,
no me quieras porque hay niebla allá afuera
y quizás no puedan descifrar mi corazón.
Pero los amo desde el canto y la oda poética.
Mistral, Neruda, y Huidobro
son piedras de amalequitas desde mi garganta.
Me voy con la tierra un poco triste,
el humo de grandes industriales,
el río sucio que atraviesa Santiago.

Así somos todos los árboles muertos.
Olvidamos algunas de las luces
de muchas cuando el sol nos cubre de brillos ingenuos.
Linda es tu gente y su sarcasmo.
La vida es un espectáculo de sonrisas
que ya no me duelen. Hasta pronto.

Sin sol

Ella imaginó que lo amaba.

Tocó la puerta de su corazón
y no la quiso abrir.
Se rió de mis intenciones.

Las libélulas se estacionan donde hay luz.
 Hoy no hay, digo, luz.

Y las luciérnagas huyen
y la soledad de ella regresa desolada
y sin un cuerpo para amar.

Le dieron la libertad
pero en algún lado con profunda tristeza
perdió su alma
y su deseo de soñar.

VOS SABRÁS

Tal vez la alegría
no puedo agarrarla
hasta que me vea en tus ojos.

Cada día te siento en mi vulnerabilidad
y tu abrazo me será necesario,
pronto en aguacero
o sol intenso.
Estoy clara,
no me dejes ir.

CERCANÍA

No me quieras cerca,
ni tampoco lejos.

Ya es así la mariposa poeta,
acepta sus alas rotas.
No sé si me deseas o
si es lástima o es tu dolor,
que no puede amar, ni soltar.

Si lo supiera, te soltaría.

Mientras,
escucharé canciones,
quizás alguien ya me quiere así.
Y dejarte de querer me tarde un poco.

Besar una boca que no sea la tuya,
me debe doler.
Es lo que no logro.
¿Es lo que quieres?

TODO SIGUE

Llueve con la saciedad que no tiene respaldo,
sigue el agua su curso,
todo en mí, sigue,
ya no duele tanto la gota que dejo atrás
como la misericordia que nunca me dieron.
Puedo caer como tantas cosas caen...
pero miro hacia arriba y dejo que el rostro se humedezca
      profundamente.

Las miradas absurdas que no entiendo
por qué se dan...
todo es inesperado como la aurora
que me mece dormida en su reposo.

El sonido sigue goteando
como este abril sin salida e inexplicable.
Ya no importa si el calendario dice que es o lo que no es.
Ya el día se asoma perplejo para resumir
todos los hechos
que se unen en una única metáfora.

Ya los reflejos no asustan ni asombran,
solo dicen.
Ya la magia tiene un lugar distinto en este río que sigue
      inundándose
de ideas.

Ya para qué importa decir si crees o no en el amor.
Si puedes ser libre o no en este cuerpo que es distinto al
que otros piden.

Solo esta materia tengo con esta ansiedad desesperada
que me da su varita, la sal que tomo para no salir del caracol.
Ya no importa si hay risa o llanto de pasado o de presente.
Ya no importa si son cien o tantos números
lo que me dicen algo banal o de sabiduría.

La lluvia mía es simple.
Solo abro la cortina y me miro definitivamente llover,
la busco como si jamás lo intentara.

ALEGRÍA

Es la música guardada para siempre en mi corazón.
Es mi hija y sus largas conversaciones.
Es mi madre preparándome tortillas.
Es mi hermano, luz del camino.
Mi perrita Lluvia y su manera de entenderme.

Son todos los pájaros de la alambrada.
Es un árbol con su tronco roto
pero de flores y hongos para coexistir.

Los amigos incansables que son y creí no tener.
Descubrirme en ellos como un espejo.
Es mi país confuso pero lleno de pasiones y ofrendas.
Ahondar mi ser entre la luna y las estrellas.
Mi libertad en el amanecer.
Es la orquídea de la fe.
Y amarte,
amarte porque estás allí
y yo, sintiéndote.

Cada latido extraviado
es el minutero del olvido

¿Podrás algún día amarme?
Le digo a ese, caminante del estrecho pasadizo de la lentitud.

¿Podrás algún día amarme?
Y yo con mis manos derretidas de barro me reconstruyo para
        que no sufras más.
Tampoco la soledad es una virtud, más que la suma de dos
cuerpos desnudos que sonríen de su vejez.

¿Podrás algún día amarme?
Es pronto, lo sé, los planetas a veces se tardan en el Cosmos
        de la impaciencia
pero siempre, siempre, llegarán a la luz,
solo si vos me esperas.

Bolsas negras

Me gustaría morir en casa,
saber que abro la puerta que da al balcón
y ver esa luz natural
y solar de cada mañana
que me ha acompañado
desde la esquina de mi cama
cuando no he podido levantarme de dolor,
de mi agonía.

Ya sentada,
preparo los medicamentos que suponen mi posible
resurrección
y el ánimo necesario para el siguiente día.

Me gustaría morir en casa,
donde los paisajes rosados y lila,
se han mezclado con mi ilusión de pequeñez,
de sentirme nada ante la grandeza,
y mi ego mudo por los instantes que se necesitan
y te hacen humano.

Sentirse todos en un soplo de diente de león.

Me gustaría morir en casa
porque he visto cómo nace y muere el zacate
y da esa razón de renacimiento
hacia otras estaciones del tiempo,
la edad es tan relativa,
que no existe desde esta altura
donde bajan las golondrinas

y hacen giros multidimensionales
y la vida tiende a ser eterna, sin niñez, ni adultez,
porque el asombro es la eternidad del vuelo de un pájaro.

Me gustaría morir en casa
porque es el lugar
donde escuché los sueños de mi hija,
sus primeras letras, voz y llanto,
de otras osadías que tenemos que enfrentar.

Sé que vivimos tiempos
solo para aquello que parece importante
pero el futuro de un joven,
aunque sea predecible por un virus,
es tan imaginativo y necesario
para creer que hay otra vida después de esta.

Me gustaría morir en casa
como mi acto cotidiano de ver la luna y sus fases,
que intervenga en actos
como cambios estacionales en mi cuerpo.
Sentir la compañía de mi perro al lado mío,
detrás de mi espalda
como protegiéndome de los volcanes
y vibras negativas que destruyen.

Me gustaría morir en casa,
lejos de hospitales, y sus heladas sábanas
y bolsas especiales
para sentir mi cobija habitual
y pensar que es mi padre
quien me arropa el frío
como lo hizo por tantas noches.

Sentir las manos de mi madre
masajeando mis piernas
para librarme de batallas que ya cansan
he inhalar ese respiro natural
de despedirme del olor
que me perfuman las flores silvestres del jardín.

Me gustaría morir en casa.
Como un espejismo y sin miedo,
porque todos esperamos rechazar
esa realidad contundente,
de salir de ella para no regresar.

ERÓGENA
(2023)

Erógena

IMPERTINENTE SOLEDAD

Estar sola no es un paso deshabitado.
No es la desértica idea de temer a los destierros.
Es abrir la ventana huérfana
y pensar en la huidiza sensación de la libertad.
      Habito desde la oruga que se escapa lentamente.
      Habito desde el sol ermitaño huyendo de noche.
      Habito en la similitud de mi otra losería,
la otra que es diáfana,
sin moderación.
      Habito desde lo ordinario,
insumisa de las normas colectivas.
      Habito desnuda desde mi ser irrepetible.
      Habito desde la torpeza facundia y suelta.

No es estar sola, es ser sola.
Sola con la liquidez de lo mundano
que no es más que un deshecho exclusivo de lo gaseoso.

Tan única es mi habitación de multitudes,
de poesía concurrida y despierta.
Es mi voz dormitiva que se llena de abrazos maternales,
con mi sexo presente y evasivo.

Ser sola
      es mi secreto,
el enigma de mi quietud.

A MI VIRGINIA WOOLF

Es de madrugada, Virginia.
Tengo habitación propia. Una cama,
      un escritorio de tumultos,
      demasiadas palabras,
      necesarios querubines
      y una que otra lágrima.

Los hijos crecen y el mundo
      será tan ancho que no encontraré orillas
      ni despeñaderos.
Estaré conmigo, dentro de mi silencio,
      a veces liviano, a veces tortuoso.

No se deja un pasado, de la noche a la mañana.
Pondré un libro
y un radio cerca de mi cementerio,
      así no lo oirán los muertos
      reescribiendo mis sombras.

Mi voz se oirá por toda la casa,
le hablaré al perro que todo me entiende,
      me bañaré tarde,
      cuando el sol salga después de mis caminatas,
      la tristeza saldrá y será testigo de todo.
Sentiré la risa acorde con mi día y la mantendré allí, abierta
      y espontánea.

Virginia, todos necesitamos de una habitación propia
    y así soltar las ataduras impuestas por lo carnal,
    la mente
    y el invierno.

Y ahora, ¿cuándo querré salir de ella?

Mujer nada más

Tengo el cuento de las princesas
atado a un vestido glamuroso y falso,
parecemos un botón plateado de mentiras,
un vientre buscando castillos con nubes tras nube y
      flameantes banderas,
no es multiplicidad de género,
no es desconvenir los discursos,
no es la mujercilla con nuevas aposturas,
somos menos que la ambición
      desenfrenada.

Somos, somos, somos...
aguerridas con voces estruendosas,
cuerpos diversos con mentes
      sin prototipos,
un muelle de orgasmos si quieren,
olas fecundas en el mar intrépido,
una semilla de minuciosidades que brotan
      por doquier,
un mimo del no y del sí en la maternidad
donde la piedra es más que piedra
      y los hijos más que hijos.
¿Somos, somos, somos... el ingreso,
la pulsación,
el cuerpo,
el sexo,
lo hábil,
aquella hoja verde e ingenua del árbol muerto,
o, ¿la mujer maravilla desde todas
      las edades?

MAREA ROJA

De niña, la marea roja llegaba
    como aguas turbulentas cada 28 días.
Me dijo el secreto que el dolor me traería la maternidad.
      Desde allí padezco con mi planetario,
        la odisea de ser mujer.
Crecer para evolucionar, para adolecer en mis pechos rígidos,
    y en mi cadera llena de partiduras o gajos de lima.
La marea roja me pone a llorar con incesante malhumor,
    como reniego y vestidura estrecha.
La dejé acostumbrarse en mi cuerpo y en mi mente;
    la suelto, la suelto y así no causa desvíos en mi vida.
Ahora, la marea roja quiere irse...y tengo nostalgia.
    O me visita muchos días o se aleja y ya me abandonó.
Debo prepararme, dicen; yo solo quiero
    decirle adiós.
Despertar de vuelta con mi piel más seca,
envejeciendo y lista para continuar
    con la otra marea,
esa espuma de la vejez.

Violonchelo

Abro las piernas como abrir la insolencia,
toda de mí es música,
toda de mí es esencial,
toda de mí es saber que mi cuerpo me pertenece.

Abro las piernas como soltar mariposas,
las notas altas de mis fuegos.
las notas bajas de mi ánimo,
las notas mujer de mi liberación.

* Hasta el siglo XIX el violonchelo fue un instrumento vetado a las mujeres por culpa de la postura que debe adoptar el ejecutante: las piernas abiertas de par en par para dejar espacio a los 45 centímetros que tiene, de media, el instrumento en su parte más ancha. Una portuguesa fue la que logró romper esa barrera instituida.

UNA DIATRIBA MENOPÁUSICA

Aquí me ven,
con 54 años,
el pelo teñido,
a veces de amarillo o tenue rojo,
porque me gusta ser atardecer,
dueña de mi propio sol
o el mal clima que me dejan las marcas.
No soy un boceto de vida,
soy una construcción firme, y no importa
      la impugnación de los delirios ajenos,
la contradicción del otro porque
      me afirmo distinta, sin contrapié,
viceversa,
aulladora,
descuidada de los prototipos,
extravagante por contrición,
por feudar mi territorio,
y no dejar que nadie me lastime.
Aquí me ven, con la delicia de que amé suficiente, y mucho y
      mucho hasta el hastío,
censurada,
culpada de palabras sedientas y deseos impropios,
culminante,
juez solo de mí,
murmurada por los débiles y pregoneros de justicia en
      demasía,
de moralistas y machistas que dicen
      defender a la mujer
        y las usan, y las destrozan,
        y las juegan.

Aquí me ven completa,
feliz de mi tristeza,
de una soledad que no reclama porque es mi decisión,
cubierta de frondosidad como son los bosques,
    un árbol pequeño,
sinuoso y enraizado,
tanto de mí,
que a nadie le debe importar. Ve, avestruz del tiempo,
a tu granja,
mete tu cabeza allí
o corre con tus excesos
que yo vuelo más ligero y tranquila
    con la frente en alto.

La teoría del amor virtual

Estás ahí y no me condeno.
Amarte de la forma como te conocí.
Tierra fértil o dos pájaros que vuelan entre pinares buscando cómo esconderse del sol.
Me digo que la soledad golpeaba mis rocas hasta astillarme de suavidad.
Abrir mi alma desde el rechazo de otros, desde la cobardía de sus intenciones.

Tomaste mi dolor y corazón roto y le diste la prioridad de un capullo que se ve nacer en una rama fuerte como estancia que no se romperá para que ella pueda volar.
Tomar la dicha que nadie me programe cómo debo amar y fugar mis ansias sobre las montañas.

Ahora, cultivo sobre profundidades y no sobre altas expectativas. Eres mi realidad cuando nos fugamos de la utopía y todo es tan certero como el amanecer.

Pechos caídos

Mis torres no son gemelas, están caídas…
Solo retumban las voces de los que
        pretenden no amarlas, ni desearlas.

Mis pechos son raíces y amamantaron
        el gozo de mi hija.
Son libres de sujetadores en construcción.
Ya serán así para siempre, orgullosas y longevas.

Lo que fueron no me importa, ni a vos. El aire las sujetó
hermosas hasta el vértigo de los años que pasan y pasan.
        No son castigo del amor.
Porque quien ama, las ama así, flojas de tanta ternura.

Ponte las dos y siente lo que pesan: valor, rigor, empuje de
        botones y suavidad del rosado ser
                        de una rosa vieja.
Mis pechos no añoran nada más que
        ser besados por la luz de la luna.

Desde lo imposible

Siempre serás la libélula que danza
y yo, la roca donde se posa liviana
y te admira.
Lo que fue,
fue luz entre los secretos
que nunca se revelaron.
Allá con el pasado
que siempre será tu presente.

Esta rotación de planeta
que es nuestro corazón
girará en la memoria
de toda fuerza de gravedad
y los imposibles.
Ama la flor muerta
que mi jardín tiene raíces siempre
emergentes al cielo.
Hubiese sido la historia
de un gran poema.

Decir que la ausencia no es luz

…mientras tomo tu mano imaginaria
y juego con tu dedos gruesos y cansados
 de la vida.

Descansa sobre mí con la ferocidad
 del aguacero o la ternura de la llovizna.

Me acomodo a tu pecho para abrazar
la costumbre que auguro en esta historia.

Amor, la luna se despoja sobre tu cuerpo
 para que me sientas
 noche, estrella y arrojo.

Eres un dulce canto de grillos
 y latidos inseparables.
No sueltes el ansia ni ya, ni con los años.

Aclaro,
no me apena amarte y seguir la humareda
 en el campo sigiloso hasta el próximo beso
 y el boscaje de nuestro territorio.

Encontrarte fue un mar en calma.
Eres tibio con la primera salida del sol.

Insiste,
sé anuente con esta declaración del agua.
Nos beberemos siempre.

FALSO PERFIL

Ya vendrá la osadía del amor. Ni siquiera te acercas. Te
    rendiste o eras un falso perfil.
Podría decirte pendejo, pero te digo lluvia o quizás, dulce de
    mango fresco.

Tanta piel para borrar tus fantasmas y no me crees o no te
    soy digna.
Ya tendré mi resguardo de piedras y luces.

El hogar que tengo en mi corazón, existe.
Vendrán unos ojos que quieran amarlo y desesperadamente.

Tienes miedo a mi lucidez.
Te gustaba el morbo de mi locura. Ambas,
    soy yo.

Ambas, desean de la misma forma.
Acepto la despedida.
Iré al mundo pirata
    a encontrar los tesoros del alma.

Naufragaré allí porque fui tu imaginario.
Siempre ha sido real esta equivocación de pretender
    amarte.
    De todos modos, el sol nunca fue mi fuerte.

Desde el dolor

No hay prisa, amor,
en este laberinto donde encierras
      tus historias encendidas.
Sana, sigue sintiendo y liberando.

Me haré invisible hasta que quieras
      encontrarme.
Espero que la primavera me lleve a vos o
      nos lleve separados a otras estaciones.
No sé si es un adiós recurrente, un hábito de vernos en
      posts solo por la gracia y la costumbre.

Ya veremos si el camino
      nos separa o nos une.
Ya nada duele porque somos tan libres,
      que podemos dejarnos en la suavidad
      y en la tibieza de un posible, imposible.

Abierto está mi corazón al jardín de otras
      semillas, también necesito florecer
      de otro modo, con ese que se arriesgue a no soltarme.
Toma tu tiempo, que el mío seguirá su curso,
aunque extrañe lo que nunca ha sido "nuestro".

Óptica

Se desploman los muros
y las tórtolas enamoradas de mi jardín imaginario.
No más tocar puertas que nunca se abrirán
      porque la cerradura solo es vacío y noche.
Ya las estrellas no son la luz de tus ojos.
      Ya el sol cae sin el desplome de verte en él.
Solo es una despedida.
Solo es retomar mi cordura
      y sentarme con la realidad.
Nací para liberar mi corazón en un charco y caer en él.
Sola iré donde la ruta se abra:
Tal vez podré encontrarme y ser feliz.

Ceniza que no se busca

        Nada es tan propio como decirte que no espero nada,
        que la luz es un estrago de la sombra,
        que soy dueña de mí misma,
        y que no hay cuartos ni ventanas abiertas.

No hay banquillos para sentarse como estatuas de sal,
libre es la ceniza que no busca,
libre es la paz que ya se tiene,
libre es el vicio de una pulsación o de todos los besos que imagino.

        Abriré mis piernas como garzas en el lago donde
                me acune.
        Los fulanos son como gobiernos despóticos,
        no obedezco sus leyes, sus condiciones, sus celos
                de espejismos
        altivos.

El ansia es ansia, no complejo, no soledad impuesta,
no tibia del sol y nuestras sábanas,
allí estará la cama como árbol cubierto de lapas,
mis pechos estelares y despiertos,
el ciclo de la ausencia es tan sutil,
que deja de serlo, ya no soy ausencia, ni Penélope,
solo mujer propia, dueña, humareda que se dice:

El amor no debe doler y jamás será un suplicio.

NIEBLA

Dios me lo quita.
Me asusto.
Luz de la flor en mí.
Llueve en mi cara.
Despido mis dragones.
Esculpo un pezón sostenido.
Es música para dormir.

Amarte y amarte
      como los Salmos al sediento.
Ambos cantaremos todos los solsticios
y un cuerpo será el Todo.

Insostenible

Hay furia en las filas largas de todas las esperas por una
        ventanilla.
Hay risa con mínimos poderes de una oficina para el mundo.
Sentarse duele, literal.
Dormirse duele, literal.
Vivir duele, literal.

Amar desde el cuerpo
        vulnerable y solitario.
La desnudez pesa
        sobre todos los hombres.
El deseo muere sobre todos los deseos.
¡Corran que el desprecio se asoma cuando
        lo que amabas
        ya no es presa,
        ni dominio!
La suciedad es caminar lo indefendible.
        Una parodia del humedal.
        La burla muerta de las mujeres sin corazón.
        Las hay en la burlesca forma de seguir un líder.

¡Matemos con furiosa poesía, a todos los líderes malos del
        mundo!
        ¡Poesía,
solo tú puedes librarnos de ellos!

¿PODRÍA SER REAL?

Abro la ventana, y siento el querubín
       de tus cánticos.
No me ciego de la altura donde perteneces.
       Soy chiquita y vertiginosa.
       Revuelta de consentir cariño
       para derrotar los muros y los silencios.

Sería lindo mirarte lento y pensar que nos hemos elegido, aun
       pusilánimes de una certeza que nos invade.
       ¿Podremos?
Es un misterio la espera hasta que sea comprensible y llegue
       la calma. No hay disimulo para dulcificar mi
          corazón.

No me sentiría perdida si me adentro a tu bosque
       para dejar pasar las sombras y recuperar un rayo de
luz ante tantos humedales. Solo serían muchos besos y
       abrazos,
       los campos florecidos que imaginamos.
Sería tan emocional la golondrina
       en ese sueño donde te añoro,
       casi una oración milagrosa de la luz que nos unió.

Por amarte

Puedo amarte sin tu boca como ráfaga de aire,
solo espero que sanes el rugir de su cuerpo y su perfume.
Amar tan oceánicamente
      entre el mimo de una estrella de mar
y sus recuerdos.
Me duele, ese dolor de auxilios,
      nada es sustituible a la flor encarnizada que gira
sobre tu pecho.

Yo quisiera sembrarte un jardín para alegrar las ausencias,
      besarte con la misma distancia de la luna,
        que me sientas como tu noche.
Estaré en tu regazo para balancear las dudas que sientas de
      mi amor.
No solo es abrazo esta sumisión,
es decirte:
      amor de mis amores,
      suave nube que me tienta,
aquí estoy para siempre sobre tu luz en candelilla, con la
      fogosidad que te enloquezca,
con el amor de mi certeza.
Y sí es locura este deseo de mieles sobre tu espalda.

QUERELLA

Una realidad que parece imposible.
Encajar en un globo donde yo soy
	tu cactus.

Préstame tus alas.
No desistamos en este vuelo que
	nos pertenece.
Ambos sabemos soñar heridos.

Válido es llorarte.
Sé que estas aquí, esperándome.
Lloro en la novela que te escribo. Eres mi Job resiliente y veraz.

Avísame si ya llega tu adiós, que tengo riachuelos para humedecer
	nuestra soledad.
	Mi amor es una resolución.
	El espíritu de todas las cosas me dice:
	"puedes creerle, déjame creerle".

¡Nada de lástima si sigo soñando con imposibles!
¡Nada de cataratas que agrieten el semblante!

Estás lejos y la vida es rara, dulce, insípida perdonadora y
	juega insegura.
Dame el rey del ajedrez
y la coartada es el empate
de dos amantes que en secreto se aman.

¿ESTÁS?

Ser es distinto en todos.
Amar, también.
El yigüirro se estaciona en el árbol muerto de mango.
Muere todo.
Los otros.
Los de siempre.
Los nosotros.
Si mueren los seres vivos, el amor también perece.

La diferencia es terrenal. La dimensión espiritual
    es que nunca morimos.
La esperanza es vivir otra vez, y amar, otra vez.
Y amar hasta el cansancio.
¿Estás por ahí?

Cafeteando un olor

Mañana no será mi vida
antes que el tiempo transcurra, basta
mi oxígeno,
mi café
para determinar si me lastiman tus mares.

Ridícula me siento decir:
      amor,
      amor grande,
      amor inmortal,
      amor de frenesí.
Solo te diría
      amor
como levantarse cada día,
imaginar que tan trivial sería si se nos olvide lo que significa.

Es un agujero amarte, entrar allí,
tan oscuro de despeñaderos,
tan penetrante por no regresar,
dejarnos perder en esa profundidad planetaria,
un coral negro casi muerto por los peces que ya no habitan.

      Y me habitas como especie natural,
      como depredador,
      como cardumen,
      y solo quisiera que te sientes conmigo
      a ver la tarde
      y tomarnos el café presente.

Somos trópicos

Cada vez que vienes a mí,
siembras cocos y ciruelas,
un frutal de alegría,
algo tenue como un rayo de sol,
una vida que no existía,
un ramaje de oropéndolas que se mueven despiertas a tu viento.

Recaiga el deseo de estar cerca, cerquita,
para que nuestros cuerpos sean, un trópico húmedo.

ESPERA

La brizna te llegará.
Siente el frío en mí.

¡No importa!

Doy el calor a tu cuello
y duermo en tus sueños.

Constrúyeme a tu lado.

Es un día para felicitar el ansia.

Alguien quizás llegue con la luz que buscas
sino aquí estaré,
esperándote.

LA GLADIOLA

No hay penumbra que amen a los muertos y a los vivos.
Mientras seas feliz amando.

Tengo la fecunda idea de morir amada y besada
      como si no hubiese nunca despedida.
        Te entiendo, quédate allí,
con su sombra esperando la luz resucitada.

Me abro como una gladiola que se dejará ir.
Esta que soy,
sin miedo al encuentro,
      se atreverá al sí,
 ya vendrá el que tiene el valor de gastarse conmigo.
 Un cuerpo,
un espíritu
y un corazón para siempre.

Descifrar el enigma

Adivinar quién es la aurora de tus campos,
la amada gacela de tu desierto,
adivinar el amor más cántico de Salomón en tu boca.

Solo susurro tu bien
       y mi amor es solo una sombra de esos dátiles
devorados sobre mis pechos.
       No dejo de latir en mis volcanes.
No hay felicidad que me arrebate este imaginario de una
       sola carne, contigo.

Pero ama, así tan voraz y como una nota sostenida.
Soy feliz de verte amando, aunque no sea conmigo.

Ya pasaron los nublados de la herida,
       sanarás...con otro cuerpo dulce y tibio.

Arderás...mi sol cósmico
       y verás de nuevo con esos ojos abiertos a la savia.

Te amo tanto que acepto no ser el verso que te inspira.

La luna erógena se quedará en mis brazos.

Edad planetaria

Ya no tengo rostro para ser el planeta muerto que llevo
       adentro.
Ya no tengo edad para mandar cartas de amor,
       aunque siempre las escriba...

Al que las desea,
van estas palabras,
sin saber quién eres.

Sostén mis manos de enredadera,
simple imaginario
de mi "sí" constante,
de mi "sí" que duele.

No vendrás, lo sé,
no me verás a los ojos
porque mirarlos sería la única consecuencia de quedarte
       conmigo.
Disimulo esta larguísima espera ante tu luna imposible.

EL COLIBRÍ QUE NO SOLTARÁS

Lo repites como si no lo supiera.
Es difícil para un ser que pierde su fuego,
ser él mismo con su vacío de túnel.
O al hijo que vuela lejos cayéndose con sus plumas
 de a poco y madurando demasiado,
o a los seres que amaste
y ya no vuelve reconocible e insomne.

Es otra ceguedad donde el sol encandila.
La estela va por la ruta de lo eterno. Mujer o niño
que se va y será lágrima contenida.
Deseara atravesar tanta luz, pero mi sombra opaca.
No soy la altura del monte aclamado, eso también, lo sé.

A veces, confundimos la joyería fina
y su alma de piedra trabajada.
Será lo inverso,
        serás mi colibrí.

BRILLA JUNTO A LA DISTANCIA
Y QUE LA EDAD NO ME VENZA

Sí, es la luna que te invade,
te pronuncia,
te marca,
te incomoda,
te susurra
te ama,
y te suelta,
sin fin,
con principio...
El desgarre del árbol
que seremos,
raíz y anchura,
al fin.

RUEGO

Cierro mis ojos y lo siento,
nebulosa forma celestial.
Nada soy, padre,
ni auxilio te pido
porque ya estás bajo el trueno
que me sacude,
bajo el mar donde   podría perderme,
bajo el sol que no me quiere,
bajo el rojo, el verde o el color que quieras inventarme.

Soy esa libélula casi muerta,
atrapada   porque sí,
en el pretil de una ventana.
O la rosa roja de un fértil jardín   donde mi madre reina.
O ese deseo hambriento que no se detiene nunca.

Dame el nombre de tu metáfora perfecta
para seguir cerrando mis ojos y decir:
amén.

Reloj sin cuerda

Cada latido extraviado es el minutero del olvido.
        ¿Podrás algún día amarme?
Le digo a ese, caminante del estrecho pasadizo de la lentitud.

        ¿Podrás algún día amarme?
Y yo con mis manos derretidas de barro me reconstruyo
para que no sufras más.
Tampoco la soledad es una virtud,
más que la suma de dos cuerpos desnudos
que sonríen de su vejez.

        ¿Podrás algún día amarme?
Es pronto, lo sé, los planetas a veces se tardan
en el Universo de la impaciencia, pero siempre,
 siempre, llegarán a la luz,
solo si tú me esperas.

No hay canción de amor,
si dos gotas no se unen,
si dos cuerpos no se encuentran.

Amaré el río de tus ojos
        que son ciegos en mis lunas.
Amaré la montaña de mi cuerpo que no caminas y descubres.

No hay canción de amor,
    si nos pesan los recuerdos
y son tan presentes de pasado
que no nos dejan continuar.

Amaré la nube de mi espalda
> que no busca otra cama en su desolación.

Amaré la noche de mi manos
> que ya no son luz sin tu pasión.

No hay canción de amor,
> sin un amor apasionado,

dispuesto a volar incómodo
y humilde,
que me regale no solo intenciones
sino su corazón.

OTRA VEZ, CONTIGO

Desde el epicentro,
desde la luna llena del rábano y el jugueteo de las mariposas,
        estás en mi imaginario.
No importa tanta luz,
en tanta oscuridad.

No importa la fantasía o la utopía,
        el sol es tibio cada mañana.

Estar contigo es lo que importa.

VUELTA A 360° GRADOS

Te dejaré ir.
Es recurrente lo verde del árbol
        y el blanco de la nube en su auxilio de paz.
Paz, paz y siempre para el mundo.

Ha pasado tanto que sé

        que no poseo pertenencia,
        ni casa, ni amor, ni país.

No puedo buscarlo sin que me halle y todo quiera quedarse.
¿Alguien quiere de mí esta luz que no se ve pero que es?
¿Alguien quiere este pedazo muerto que vive entre utopías y
        flores?

La montaña quiere vivir,
        el sol no sale a la hora acostumbrada.
Si lejos te vas, lejos me quedo.
          Fluir es una palabra que me incomoda.
Volar es el águila y la huida perfecta.
Desde esa altura puedo divisar la noche de luces
en la casita de todos los que desean soñar.

Siempre llevo muchos colores
de tantos rostros   que imagino salvar
y el blanco y negro de la osadía.

Quiero mi libertad
una tarde inesperada y llena de pájaros.

Ya no sé a quién escribo,
         si la soledad es lo definitorio,
dejar la memoria de lo que fue o de lo que será,
o guardarme en un cajón y esperar
         que la noche siga cada día
como se espera el amanecer.

La luz tiene una música y un color desorbitado.

Me levanto con gratitud e igual tanto que dar gracias,
         tanto que perdonarme
y tanto por aceptar al otro en su mundo temporal.

¡Despierta,
la vida es la lluvia que riegas
         y que algún día, florecerás!
Habrá siempre una sorpresa que te animará
 y cuando menos pienses todo vendrá con alegría.

El jardín de flores silvestres en inmensos campos
 y el amor abrazado a tu alma
serán los ojos hacia el bálsamo
         de la fe.

Un cuerpo libre es una sospecha

ANATOMÍA

Los torsos y nuestra fisiología.
La esquina de una pierna conjuga los deseos de la otra.
Abrirlas como si las mentiras no existieran.
Entrar y salir de los agujeros negros.
      Sentipensante,
       sexipensante.
Dios de tu cuerpo, del mío, del nuestro,
fugaz y no la estrella,
sino la osadía,
el complemento…
      de lo distinto,
de lo exacto,
de lo único,
de lo antinatural.
Amasarnos de químicas y malas palabras,
      al unísono de esa canción que se inventa para fluir.

Es solo la oración de la anatomía.

Z–ERÓGENAS

Nuestras zonas de isleta son pedacitos sexuales
donde el mar intuye sus olas, sus corales, y sus miedos.
      Es la excitación del agua,
el elemento de la desesperación en la hendidura del vacío.
      Es tu profundidad y la mía,
palabras, caricias, palabras, caricias.
El poema que construye
una espalda infinita
      para adormecer,
para vetar la entrada de todos los espacios.

Tanto territorio fértil de nosotros.
Azulejo bien puesto,
      diseñado de rombos en la fabricación,
como el amuleto de lo que será,
      nuestro encuentro.

PEZONES DEL MAR

Mamífera,
        agua de sal.
Remolinos en su areola,
ola,
olas…
vagabundas,
grandes y espontáneas.

Me nadas y te ahogas.

Última respiración.

Muslo en la cordillera

Recorro tus cordilleras
   en la altitud de mi deseo.
Muslo de anchura vegetación,
   salvaje roce,
camino de árboles profundos,
es la estación final
   de mi orgasmo.

Cuello de estrella

Los besos se alargan   como jirafas
ingenuas.
Enloquezco.
Tu lengua   es esa arrogancia
que
     me hace gritar
sostenida a tu cuello.

Oreja de azul penumbra

Silbo colibríes
cerca de tu oído.
Me auxilia   morderte.

Me cantas pájaros,
placer del cielo,
        canto
como si la luz me naciera.

Vulva flor de flor

El pétalo se abre
como en cámara lenta.
La ciudad duerme,
mi ciudad,
y la semilla
se cultiva en tu habitación.

Hay demasiado jardín dentro de mí.

Multiorgasmia en las fases de la luna

Existen revoluciones,
cuerpo a cuerpo de pancartas,
mi guerra de las galaxias,
       un aspirar tras otro,
tras otro,
 tras otro…
existe la reencarnación.

ERÍZAME

Vos que decís ausente,
      piel de la lengua exacta,
aquí me tienes,
      despierta por todos mis costales,
      ingenua si pretendes merecerlo,
      leopardo si me quieres excedida.

Todo es una pretensión para tu sexo,
      una asfixia de la cama aquella noche,
      un morbo suculento,
      una intrépida espalda que me acuna.

Quiero decirte que los cuerpos se construyen juntos,
y que no hay solidez más perfecta en el amor
      que haciendo el amor.

SED DE LA TIERRA

Si atrapas mi líquido como si fuera una botella,
      me beberías lentamente,
recorrería tu garganta,
      entraría en catarata y lluvia,
solemne,
virtuosa de rapidez,
ligera de miedos,
      para calmar de una vez por siempre,
      tu sed.

Cabello de Medusa

Tocas mi cabello,
los dedos se esconden
                           y mi cuerpo/árbol
se desrama en escalofríos,
sigue,
toca cada hebra como si tus manos fueran viento,
como si fueras
                       la medusa de la perdición.

CLÍTORIS SILVESTRE

Siente el pétalo,
se abre
con dulzura silvestre,
      se mueve,
      se mueve,
no deja de moverse,
es un azul intenso de flor pequeñita,
revienta al amanecer.

GLÚTEOS DESDE MI SOMBRA

Tus dos girasoles fuertes
se posan en la sombra de mi pared,
luego,
me sostienen de claroscuro,
      te nalgueo
como reventando globos perdidos
en una tarde de cielo extenso.

COMPULSIÓN

      Impulso, dendritas conectadas y convulsas,
      ceguedad, torpeza inmediata,
todo es una pulsación del hambre,
cuerpo en cuerpo ajeno,
labio propuesto
que no se sabe
      dominar.

Autoerotismo

Todo inicia con pensarte,
    aúllan mis lobos,
quisiera poseer ese dios que escondes,
    y ser la bestia.
Hay alma entre mis piernas,
    mis manos son racimos
    que toco
    una y otra vez
para hacerte el vino,
lo bebes tan real,
que me desgarro
de libélulas.
Es la excitación del colibrí.
Saboreo cada pistilo llena de frenesí,
vuelo desesperadamente,
hay un colibrí entre tus piernas.

Corazón que se descifra

La piel
debe
adiestrarse,

darle corazón,
darle otro día
y otro día,
y descifrar el secreto
para jamás separarse.

Aldaba rota

No quiero decir que el mármol y el agua
tienen una relación posible   con el deseo.
Tan posible   es la piedra en mi argumento.
Tan posible   eres vos en la soledad.

La velocidad es una sensación numérica
cuando te leo   volátil,
cuando te aspiro de polen en polen,
        llena,
auxiliar del poema con que te encuentro.

Busco la lámpara que frota mi apetito,
        perfilada,
        ausente desde la luz,
eres la infinita ruptura de mi aldaba.

Cuerpo escrito

Todo ese desatino es la fuga de la serpiente.
La velocidad del arrastre en mi ascetismo.
Mi silencio en la voz de la hoja que el invierno detiene.
      Es la palabra indebida,
mal puesta,
borrable de sí misma,
la que me dice lo virginal de mi concepto en el amor.

Insisto en la infamia de los otros,
      con mácula y bochorno,
con insipidez y miedo,
tan mínimo de ellos
      en los nidos de oropéndola
con su vértigo de desdén y altitud.

Somos palabras bonitas,
      a veces, antónimos y mayúsculas,
un yacimiento abstinente,
o piedra del odio que no dice nada,
      pero sostiene todo.

Tenemos facilidad de ser
en la ruindad de una hamaca inservible,
      esencia de una paja en el ojo ajeno,
una vida en el hábitat muerto, de mi cuerpo escrito.

Mantis

El mito es
        que no puedo ni mirarte.
Eres mi mantis
        en la sospecha diminuta
de no controlarlo.
Talvez,
me detengas como insecto de tus ojos.
Talvez,
doy pasos disfrazados,
        mínimos,
y no me descubras.
Quizás
es el efugio de las rabias y dioses que inventas,
solo un reflejo, una decisión:
seguirme escondiendo para que creas
que has logrado encontrarme.

IMPREVISTO

Como trébol de mala hierba,
     me cortas de raíz
porque todo lo fastuoso incomoda si no se entiende.

Mírame
como un orden continuo de imprevistos.
    Tócame
como himen fatigado en la primera noche.
      Ámame
como la revolución de tantas patrias expulsadas.

No es mesurado el olfato cuando te presiento.
Tan claustro es la piel que no traduces,
                lee esta escritura del nosotros,
allí construiremos
la vecindad del
         deseo.

Decirnos

¿Por qué me esquivas con esa tenacidad del ego?
Somos un gesto,
        una provocación al bien,
        una irritante vejez que no cesa de brillar,
no somos nada más
        que hueso móvil de penas y fracasos.
No me asusta la contradicción,
es un grito de presencia,
        yo existo,
               yo pienso,
                      yo afrento…

Escucho con silencio…
        porque escuchar es el nido de las otras ideas,
lo escatimoso de nuestras diferencias.
Aplaudo la intención de lo creado,
        de lo íntimo,
del poema abierto.

Hay un nosotros de domesticación,
un infarto
con el que
no merecemos   morir,
una endorfina temperamental
        que nos hace buscarnos
en esta estación confusa
de decirnos   la verdad.

Imagino

Pobladamente   mentirosa
    es la forma de decirme que estoy bien,
    hacinada,
    combatiente
    en la insolencia de la premonición.

Toma su lugar...
otra manera de imaginarte.

Desvergüenza

Hay días donde escatimarle al universo
      se vuelve inapropiado.
        Es el cisma de mi interior.
Lo roto de la divagación.
La pirueta de un pez payaso.
Es mi escaramuza contra todo el mundo.
Lo selecto de mi imperfección
y de mi perro   que ladra sus segundos como si
      fueran los últimos.

Me vuelvo   sierva del trébol
que corto pensando en nada.
Perdón, pienso en alguien,
es cierto.

Pienso en el festejo que una vez me tuvo seducida
y pienso en mi seductor.

Los objetos los tomo como empuñadura
y los suelto como ríos
      que ya no tienen corriente para atrás.
Me arrasan las piedras que me someten.

Me liberan las sombras que sé son sombras de otras
sombras.
No soy   una dúctil flor de verano.
No siembro   lo que ya puedo ver crecido.
Es el atropello de mirar demasiado.
De mirarlo todo,
como una huida,

como la humareda
        de lo muerto,
        o de lo vivo.
Excavo la colina de mi mente,
la antigüedad de mi pensamiento,
el escarceo de mi ironía y supongo,
que al fin entiendo,
lo copioso que es verme en los otros,
en las cosas ajenas, en el afán de la censura.

Me vuelvo a recostar en mi hamaca
con la frescura de ser más simple,
        no rebuscarme de antologías,
no podrirme en voluntades,
y me vuelvo a mecer
como si nada en el descaro,
              hubiese pasado.

MADRUGADA

La madrugada es una amante.
Es la fiera que empieza a ser día transcurrido.
Nace del ruido de mis golondrinas.
Piensa que el árbol se mantendrá de pie.
Piensa si en el camino vendrán los pasos iniciales,
si vendrán los tuyos,
      los del amado,
      los del silencio.
Y se asoma despacio,
      como enredadera en el cielo
hasta esa epifanía cuando me da la luz.
Amanezco contigo,
            amanezco en mí.

SUBURBIO

Tu cuerpo no es la ciudad que desconozco.
       Son labios de pan seducido,
comerlos como en la noche que se asume añorada.

Hacer de tus ojos,
un edificio enorme,
donde pueda trepar desde tu vértigo.
Antes podía caminar
por tus calles muslos,
decirme
que en ellos transitaba enloquecida
pero el día se va
       como el semáforo en rojo,
me detienes,
me detengo,
en este suburbio de amantes que no se encuentran.

VANGUARDIA

Decime   el año en que nos inventamos,
la vanguardia donde escribo –cuerpo–
no soy planeta hacinada   al sol,
soy un punto uniforme de equivocación.
Afino la terquedad.
Rehúyo del concepto del mundo,
       de su canto de muertes
         y máscaras.
Somos ese instante que no importa nacer,
       lo que atañe
es vivir en la partícula perenne,
en el reposo lejano de unos brazos,
en la ficción marina de un deseo escondido.
Tan indefensos somos,
tan desprendidos,
tan amados   en la naturalidad de un beso.

La danza del Sufí

La traición tiene el   vértigo del Sufí.
Baila sobre nuestro vestido rojo y largo,
        tan inocente
y suelto de estructuras…
ya cuando nos damos cuenta,
detenerlo   es un mareo absurdo,
un perjuro demás.
La voz de sus cantos,
el argumento cansado   y chillante de la alevosía.
Se apresura como una emboscada que nos hiere.
        Nos hiere lo que no se detiene,
lo que no se explica,
el beso vacío,
lo que se disimula.

PREGUNTAS

Si fueras   mi amor,
el verbo me saciaría de himnos.

Cada domingo siendo huésped de tu espalda,
me preguntaría:
        ¿Cómo serían nuestras manos?
Dos ríos incansables.
        ¿Cómo serían nuestros pasos?
Palmas y ráfaga de viento.

Un libro de bosques

Hay una hoja seca en mi diccionario,
      casi es tan viviente como el día en que la recogí.
Mantiene el color fatigoso de lo necio,
      lo somos cuando pedimos memoria de este modo,
eres una hoja seca en la moltura de un corazón,
      te guardo como las mentiras que me circulan,
aire explotado de mi biblioteca,
algo así como   deseo hecho amor.

Sin conexión

Ayer tomé una foto del cielo
y estaba llena de   cumulonimbos,
tanto parecida a nuestra historia,
con sus pedacitos de gas revuelto y blancos de sí mismos,
      intrépidos para mirarlos
desde este lado tan abismo,
      tan secuestro del amor,
      tan perdidos de crisantemos voladores,
así sobrevuelan nuestras ansias
      cuando no se comunican.

VERGÜENZA

Descubro que lo nuestro se vuelve azogue,
      un amarre hacia mi voluntad,
no penetrar la barca en sus aguas limpias,
      rezar como un pecado que no termina,
tener culpa por los campos labiales de la seducción.

Amante del cóndor,
      condénsame de pieles aéreas,
no te detengas de espejismos,
      mira la cruzada en la que batallan mis ganas,
morir quisiera por tus auxilios.

¡Qué atropello solo mirarnos en la ruleta,
      atrás de la espera,
delante de mis senos casi en vergüenza,
en desamparo por estas soledades que no acaban!

¿Dios nos acompaña?

Los ojos se cierran por alguna razón,
    decir
que la mañana amanece con un dios distinto.

La pregunta de siempre: ¿Dios nos acompaña?
La luz está presente en mis ojos,
    la flor natural y erógena,
deseos llamados pecados,
el dolor se acumula como disimulo de la flaqueza,
el Dios mío es una incertidumbre de auxilios,
    de nombres intensos,
la desesperación de cuestionar la vida o esperar la muerte,
la gratuidad hacia algo,
    hacia la belleza,
    hacia lo incomprendido.

Soy la muñeca guardada en un cajón de cosas viejas,
    no sé qué esperar de allí,
los amores del para siempre,
mi vida
    guardada de memorias,
un consuelo
    de lazos invisibles,
¡alguien, sáqueme de aquí!
que Dios tiene laberintos que no encuentro
y me siento perdida.

Sin mancha

Pecaminosa   es un término de tributo.
Pecar   en las llanuras del cuerpo,
sentirme ardor de otra boca
y en la ficción donde cae el deseo.

Pecar   desde la memoria,
desde el intervalo donde nos tocaron por última vez,
     desde la leyenda,
        desde la rogativa imposible.

Pecar   por insustancial,
con la ingenuidad de un impulso
y la bagatela de la desnudez.

Pecaminosa   es la dulzura de la terquedad
     amatoria.

APETITO

Mi pupila
tiene su propio lenguaje amoroso,
     se abre agreste
con solo la persuasión de pensarte,
rumiar como infinitivo legislador
     de mis impulsos.

Se abre indecente como eclipse indefenso a morir,
     es la avidez
de agonizar insurrecto, pasajero,
luminoso tras el rastro,
dudoso de mirarse,
bello
     porque sí y porque no,
y caer en este par de ojos que te miran
más allá del enfoque.

Atracción

Te atreves a buscarme inapeable
como un juicio que nos debía el tiempo,
como un encuentro vampiro
donde la juventud una vez nos atrajo,
  como el mar oscilante de tu lengua ansiosa,
todo eso,
  con la marea de no regresar,
  con la inhabilidad de siempre,
  con las leyes obtusas y prohibidas,
  con la insolencia de odiarnos deseando,
amar la vejez construida en otros,
y engañados con la nuestra.
Nunca hubo tiempo,
  nunca hubo permanencia intrépida,
voraz tu boca,
insulsa,
incalificable,
solo hubo desnudez,
verbos largos y palabras que amaban lo que
  fuimos,
rebeldía,
apatía,
desafuero.
Somos una conversación
grata de malas palabras,
  de grandes autores,
    de estupideces ateas y políticas añejas.

Estúpidos amantes ocasionales.

Oxigenación

Alivianada para decirme que pensar en vos
        tiene su algarabía,
no sé si es el nombre que imagino,
no sé si serás el ángel que espero,
        el amén de mi cuerpo al fin,
el oxígeno de mi planta o hierba,
        tan simple,
será como besarte en este soplo imaginario,
así eres,
        así fuiste desde siempre,
no hay candado para la memoria
y sus hojas revueltas
        que libres se apegan a mí,
así serás cuando despierte de esta odisea
de vivir rotando sobre mí misma
        y a la vez,
en la búsqueda del sol y su rumbo.

Me detengo ya
        en esta tradición que es escribirte
para decir que llega a alguien,
quien me espera
        en su laberinto.

PROXIMIDAD

Borro la ausencia
que la lluvia me dice.
Esta.
Sí,
      el pocito de agua que me da sus reflejos.
Solo hay movimiento cuando ellas se disipan entre sí
como si cada uno de nuestros sueños se cumpliera.

 Llueve para este octubre
      que siempre será conmigo,
    desnuda.

POSIBILIDAD

Como la libertad.
Como los sonidos del aire.
Como la esperanza que prosigue.
Como el miedo que no ha de ser.
Como la tierra que se retumba de raíces.
Como el tambor que asume ecos de todas las distancias.
Como el amor que me llevará a vos,
    y a todos los que una vez
        decidí amar con el cuerpo.

LEJOS

Quisiera ser la palabra   lejos,
     (para definir mis distancias),
liberar mis límites,
soñar mis posibilidades,
ser dueña de mí misma   y girar en torno de mis
     fuerzas,
para que mis ramas siempre estén arriba como obteniendo
su liberación.

Trepar
     escaleras
          imaginarias
para decirme que todo es posible con el amor, y su voz
escondida.
No quiero y quiero,
     tener que asumir pretéritas formas de mi cuerpo.
Soy ese plural de mi hoy y su transparencia.
Mañana seguiré osando esta pieza de esperarlo
y que,   al fin,   libre,   él me
     encuentre.

AZOTEA

Cuando digo que el tiempo se arrulla con la lluvia
es que me asomo			a la azotea de la infancia.
Aquella donde todo se detiene,
un hogar que llamamos y que esperamos pronto.
Habrá muchos secretos		que aún no encuentro.
Esos deseos muertos porque	yo misma los maté.
Aun así, la luz me dice que mire arriba
donde las ventanas se abren	y los papalotes vuelan…

Mirar siempre con los ojos delante del trébol
y sus hojas benevolentes.
Vivir al día de todas las formas.
Seguir en su espera,
en este sosiego que termina.

Claustro

Tantas paredes y mi cuerpo, uno.
Esta pandemia es un templo para mi vientre.
Volver a la oración,   a la santidad   occisa y forzada.
Nunca más tu cuerpo.
Solo es erógena mi mente.
Solo se vuelve el ayer como un auxilio a mi locura.

Ya ni saliendo de ella,   estarás.
Ya no importa despertar la madrugada,
y ser el único ruido presente.

Sola   con un virus rodeando mis murallas,
         mi carne húmeda y vieja,
olvidó la partitura
del orgasmo.
         No hay música.

EL VIRUS

    ¿Estarás?
La seducción de la muerte.
No podría besarte ni tocarte.
    Pero, ¿estás?
Pensarte es la más erógena flor.
Ella espera lo bonito en un jarrón,
ser olida, y ser deseada.

    Sí, estaremos,
en el mar arrastrándose como únicos pasos,
en la montaña trepando la multitud de lo que somos.

Huimos juntos de este virus seducido a desaparecer.
Jamás moriremos porque para eso existe la palabra
eternidad.

Cuando los cuerpos oscurecen

La luz me da en la media cara,
la caricia es eso,　　　　　una luz que deambula,
larguísima entre las sombras del cuerpo.

Se prende
y se apaga.

Palo santo

Enciendo el trozo de madera,
      es tan difícil mantener la llama,
que mitigo los aires con mis manos,
      porque prenderte es tan divino
como decir otra vez
amén.

Volví a vivir

Creí perder la respiración,
y no era por verte,
el oxímetro   dio una longitud peligrosa,
estaba viva por el último aliento
que besé de tus labios.

Encuentro

Tu cuerpo   no es la ciudad que desconozco.
Son labios de pan seducido,
comerlos   como en la noche que se asume
        añorada.

Hacer de tus ojos,   un edificio enorme,
donde pueda trepar   desde tu vértigo.

Antes podía caminar   por tus calles muslos,
decirme que en ellos   transitaba enloquecida
pero el día se va   como el semáforo en rojo,
me detienes,
me detengo,
en este suburbio de amantes
que no se encuentran.

IRREBATIBLE

El amor y el deseo			son axiomáticos y jugosos de
	savia.
El cuerpo es tangible,   un apetito es remolino.

Tan perfecto es el momento de lo abstracto.
Solo abraza tan fuerte en la imaginación
y verás,		la realidad perseverante,
lo sonoro del corazón.

eróGenAmbientalista

INFAUSTO

La felicidad   es ese ruido de pájaros en la última
        hora.
La cercanía o la distancia   deja de ser costumbre
porque lo primero es amarme.

Ya fue una noche
donde apareció el evidente escalofrío,
los ojos   en mis ojos,
el cuello de garza   entretenida,
y sus palabras de vértigo   como mareas intrépidas.
Llego a la orilla del mar,
y te vas,
no regresas,
es para siempre,
el "no regresar".

La dicha es mía.

Zarabanda

La guerra nos la hace el mundo,
      amarte más joven,
      amarte de otro sexo,
      amarte en igualdad de condiciones,
      amarte sin civilismo,
como yo quiera,
y a quien quiera,
      que se dispute lo contingente,
      que el miedo no exista,
      que la batalla sea unir dos bocas,
      que la certeza sea el abrazo,
y el deseo, la última sentencia.

SIGILO

Hay un sello en el muslo   que dice tu nombre   u otro
    cualquiera.
Me toco allí
para ver las galaxias   que un día alguien creó.
Es ruidoso el bosque de mis ranitas de colores.
Brincan una sobre otra,
me siento anfibio   en la humedad de un vientre.

Es insoportable esto   de mirar las noticias,
hacer que la realidad   se desprenda en las hojas ya
    muertas.

Me rebelo en el sopor de unas piedras.
Allí me escondo en libación y fertilidad.

Tantos hijos fueron nuestros besos ya crecidos.
Tanto de bosque nuboso,   lo tuyo.

Noctámbula

El Universo explota   como una osadía y un
    orgasmo.
Aguas que arden con volcanes,
partículas y partículas en desafío,
células que saltan puntuales sobre el cuerpo,
y una mente,   que inventa el amor.

¡Déjame que pronuncie lo erógeno,
                en esta noche mía!
¿Quién eres para declamar lo casto?

TALUD

Dos almas en desplome,
      con sus cuerpos imperfectos,
nada de eso importa,
la belleza no es   un concepto de fugas y
      niveles.
Tanteamos la noche
como si jamás volviera a hacerse de noche.

No hay intriga en aceptarnos,
      el poema nos vence en riqueza,
es una bobería decirse que tantos defectos
      no logren desearse.
Bañarnos juntos fue la solución
      de esos complejos
          que nos imponen.
El espejo nos dice
que brotamos de herbaje entrelazados   y pletóricos.

Sentido común

Regreso del trabajo
como si hubiese vivido una fábula.
Hay rutina ya y su propia moraleja.
Venir cansada   hacia una cama rutinaria.

Esto de hacer el amor como una morsa de agua dulce.
Espero que el lado oponente
sea un fantasma más del recuerdo.
      La noche deseosa de amarme.
Yo le respondo con una risa tímida.
Es el momento perfecto del éxtasis.
      Hay luna llena.

Cuerpos impulsivos

El pan es una necesidad básica,
No así la forma en que amasas mi pecho.
Sostienes la levadura en una boca amarga de deseos
iracundos.

Un artista
toma el color de tu vientre y se hace pincel milagroso.
Tienes un largo y denso día de arrepentimientos.
      Domina esa desesperación de la nada
         donde abrazas los demonios internos que no se
liberan en vos.

Suelta ese ser creativo en lo oscuro del dolor. Que el día es
nuevo de absolutos y solo vos podés detener los cuervos
de tus ojos hambrientos.

Eres una canción.   Te escucho en las notas de esa
suavidad y ternura.

Ya lejos,   la sirena duerme soñando con el marino
cantor de sus miedos
y le dice que estará allí
sobre las rocas del amanecer sostenido.

      Navega sobre las aguas, aunque nunca llegues a mí.
      Navega sobre la amada y amanece con luz,
      dominio, y amor primigenio.

Es tu boca, el mar donde nadan los peces de colores.
Saltan de cordura porque entiendes la sal de su propio valor.

Siempre estaré
      si te inundas de vos mismo.

Gráfica forma de diseñarte

Escribes sobre mi cuerpo,
el abrazo finito y prolongado.
    Estrecha fuerza de rotación.
La tierra en tus manos es el epicentro.
    No pretendo darte la juventud que no tengo,
    pero sí el hastío de gastarnos con locura una y otra
    vez, como si la huella fuera la del nosotros
    combatiendo soledades inertes
    y revistiendo la piel exacta, la noche que será larga y
    continua.

Un logo de mi rostro para tus largas noches
    donde la impresión es liviana y amorosa.
A todo le basta la desnudez,
rascar tu espalda
    como si escalara cada rincón de tus campos
minados.

Fuego que no cesa de encender.
No quiero la ceniza del olvido
    o la herencia de las otras que me dejan una historia
incompleta.

Hazme un formato
de nuestros ojos deseando mirarse
    como si allí naciera la odisea.
Esto de quererse subraya el miedo
    de no darte lo que buscas.

Solo soy contigo una madrugada lenta
    y llena de ventanas donde otros se aman sin
        pretensión.

No voltees la idea de sujetarnos   como hiedras
   de campo.

Te espero con o sin luna en este oxigenado amanecer.

Desde la fuga

Me ato
a la vida de occidentes líneas,
al árbol lleno de enredaderas,
a los cabellos de mi hija...

¿Cómo aguanto vivir?

el "cómo" es el poema surrealista,
la cola rota y moviéndose de un geco,

la Pizarnik   que una pastilla no pudo salvar,
y parece extraño,
a mí me salva   momentáneamente.

¿Habrá tiempo para soportarlo?

Trabajo conmigo la resolución.
Hay días que solo mi madre lo duda.

* A los 50 años de la muerte de la poeta argentina Alejandra Pizarnik.

RINCÓN

El bosque seco   y su última hoja.
Lo árido del cactus cuando hay memoria.
El abanico de ostentar fuerza.
Unos libros de más   que no se leen.
Algo parecido a símbolos de árboles rojos.

Un tomacorriente que no sirve.
Lo circular,
tan onírico de pozos
donde no hay agua.
Yo, esta tarde.

Campo minado

Me perturba mi cajita de medicamentos. es mi pandora descubierta.

Es para no hablar con los duendes o reciclar de mil formas este dolor que llevo.

Hay un campo minado en mi cuerpo, pequeñas explosiones de cactus que me crecen y punzan.

No necesito la presión alta de mis volcanes y ese brote de banderas rojas en mi cara que se ondean ante el sol. hay escamas de peces en mi cabeza y cada vez, que se me aprieta el corazón, nadan en mi mar con pesimismo.

Hay una cadera de dimensiones distintas, y camino como escalera abajo, tronando sonidos y desgarres. los músculos se vuelven pedazos de árboles caídos. hay deforestación. no puedo sembrar más que una metáfora de enfados. aun así, declaro que los venzo, que la mente es un torbellino poderoso y la pastilla se abre como flor de los milagros.

Hay una espalda de corchos gastados que no cierran la holladura y cada masaje primero tiene ecos de gritos y desesperación. hay días con manantiales en mis pies, otros, como si caminara en la hoguera. hay muslos perforados de nódulos hirientes, hay cansancio de desierto, esperando el oasis. hay puntos como estrategia de guerra, unos vencen, otros ganan, cada día batallan a morir.

Son años débiles, telarañas mentales, azogues de miedo y ansiedad. busco un paraíso, no de cielos ni de tierras triunfales, sino una neutralidad de esencias, más valiente que una tira cómica. de eso puedo reír. de lo mucho que suelto mis amarras y me libero.

Es la fe, es el universo, es mi madre o mi hija, es la poesía, es el abrazo, es la creencia de mí misma, la que profundiza los misterios de seguir viva.

LOS NIÑOS DEL FUEGO

Tantas lágrimas en el huacal del árbol,
    hermosísimo de lamentos y renacer.

Duerme, niño del mundo,
    que las sombras siguen jugando a los carritos o a los muñecos.

Ellos te llevarán al lugar
    de la alegría infinita.

No llores si un hada no te acompaña.
    Seca tu llanto con girasoles y cobíjate de la imaginación.

Los poderosos son ciegos ante el dulcísimo mundo de los colores.

Canción de delfines dormidos
entre rocas y corales

Decir amor es demasiado urgente o tardío.

Romper la luz es volver al sol.

Ciega luna de mi cuerpo sin tu cuerpo.

Adiós   es algo que no debiera decirse
               cuando regresar es un corazón de tres
    colores.

Urbano es romper la monotonía.

Sensual es nombrarte   en este espacio de ríos y
     lágrimas.

           Uno, dos, tres...

Repite conmigo, amor,
la canción más triste y sin sentido.

Sublevado

Me rebelo.
    Es natural en mí, que los ojos se agranden.
        Mirarlos es la seducción con la que otros mienten.
        Creerme el abrazo de mi inocencia.
           Es hora de dormir entre la noche y todos los deseos mutilados.

Acerca de la autora

Luissiana Naranjo Abarca (1968). Máster en Administración Educativa, escritora, articulista, gestora y promotora cultural. Trabaja la Literatura con grupos de minoría como mujeres en estado de privación, niños de alto riesgo social y personas adultas mayores.

Por más de 20 años como docente elaboró libros de textos educativos para las escuelas de varios países. Dirige el Encuentro Internacional Poetas y medio ambiente con poetas del mundo un mes al año. Dirige un espacio de entrevistas a gestores llamados Literatura Activa. Tiene varios libros y sus poemas han sido traducidos en varios idiomas. Participa en varios Encuentros y Antologías Internacionales.

Actualmente es parte del Consejo Nacional de la Lectura, el Libro y las Bibliotecas.

ÍNDICE

El sitio donde muere mi lágrima

Prólogo · 11

CUERPO DE LATITUD VERDE
Elemento Eros

¿Cómo despedir tu sombra? · 29
El sitio donde muere mi lágrima · 30
Delgadísimo instante · 32
De latitudes y ramas · 33
Semilla del tiempo · 34
Deseo · 35
El beso y su latitud · 36
Es más que su nombre · 37
Lo que me hace libre · 38
Tu voz casi invierno · 39
Tu eternidad escrita · 40
Adiós de laberinto · 41
Tu canto de montaña · 42

Elemento trascendental

Herencia Infatigable · 47

El deseo de la lluvia · 48

Poesía de silencio · 49

Tango de palabras · 50

El latido inédito de los sueños · 51

El Lado frágil de la existencia · 52

Grietas en mi garganta · 53

Una palabra es bastante · 54

Necedad de una tarde · 56

La puerta · 57

Línea interminable · 58

El soplo · 59

Sueños de celofán · 60

La llovizna de tus pies · 61

Sembradío de tu tierra · 62

Entre cal y adobe · 63

AGUA, TIERRA Y FUEGO QUE NUNCA SE ENTURBIA

Memoria de las sombras · 69

Nuestra última danza · 70

Los desplazados de la memoria · 72

Netzahualcoyotl · 73

Cuscutlán · 74

El Güegüense · 76

El dorado · 77

Uxarraci · 78

Suláyabi · 79

La última punta de las voces · 81

No seré como ayer · 82

El peñasco de la Gloria · 84

El fastidio de la Sierra · 86

Los huesos de la piedra · 87

Entre la herencia y el aire · 89

La mujer del campo · 90

En la línea ausente de la tierra · 92

Un octubre desprendido · 94

Múltiple de luna · 96

RESABIOS

La amante · 101
Resabio · 102
Rastreo · 103
Bruma · 104
Cantinela · 105
Posteridad · 106
Desliz · 107
Viejas postales · 108
Chiste absurdo · 109
Rubrico · 110
Exposición · 111
Fidelidad · 112
Divagaciones · 113
Gazapo · 114
Estación · 115
Lasitud · 116
Conteo · 117
Estacada · 118
Disímil · 119
Octubre · 120
Aleatorio · 121
Lluvia · 122
Noctámbulo · 123
Boscaje · 124

Cavernícola · 125

Humedal · 126

Extravío de los cuerpos · 127

Concreto bajo la piel · 128

El amor no es cuestión de peso · 129

El cuarto de noche · 130

Lecciones · 131

Espectros · 133

Otro · 134

Deshoje · 135

Convicción · 136

Nocturno · 137

A medio mar · 139

Bulimia · 141

Sevicia · 142

Fábula · 143

El Don del Nilo · 144

Inédito · 145

Génesis de la piedra · 146

Guerrillera del agua · 147

A veces · 148

Ruta · 149

Poetas malditos · 150

Nadaístas · 151

Bravata de la cumbia · 152

Cismáticos · 153

Miento · 154

Dolly · 155

Caballitos blancos · 156

Punto y Cuba · 157

Leandro · 158

Resonancia de la Ciencia · 159

Bulevar 33 · 160

Mestiza · 161

Vuelta de un dado · 162

Sentencia · 163

Bipolar · 164

Andanza · 165

Jardín de amapolas · 166

ANALFABETA DE MI SEXO

Desidia · 173
Entre ramas · 174
Del otro lado de la cama · 175
De un domingo cualquiera · 177
Árbol de álamos · 179
Dos brevedades que dejan vos y la lluvia · 180
Gladiador de silencios · 181
Espermatoforo · 182
Tactos · 183
Mandarina · 184
Cercanía · 185
Boleros en tu voz · 186
Error de ortografía · 187
Sombra desconocida · 189
La Fuerza Jedi · 190
Sintaxis de un beso · 192
Mayo y la estupidez · 193
Mi bandera · 194
Cremalleras bipartidistas · 195
Pido el voto · 196
Cuidado y te nombro · 197
Almohada de pluma · 200
La mesa · 201

Almohada de Budapest · 202
Un peluche en San Valentín · 203
Secuencia de haber · 205
Ensueño · 206
Maneras de ver en 3 D · 207
¿Cuál es mi oficio? · 208
Disco duro · 209
Podría empezar con la forma.... · 212
Atrapasueños · 214
Me seguía fue por eso · 216
¿Es cinismo? · 217
Fantasmas · 218
Desde la nieve que perdura · 219
Mordedura tropical · 220
Teoría · 222
Aldeas fantasmas · 224
Saltos de rana · 226
Sin pertenencia · 227
Te digo eres un delfín vaca · 228
Canto mágico · 229
Ideología de un viaje en tren · 230
Las flores del bien son de origami · 231
Interrupción del mar · 233
Segunda persona en tornado · 234
El pose · 235
Anaranjada sed · 236

Semilla de diente de león · 237

Girasol · 238

Escampa · 239

Detrás de la libélula · 240

Fuga · 242

Meollo selvático · 243

La misma palabra · 244

La burla · 245

Contra el muro · 246

Profecía · 248

Delirio · 249

Intacta · 250

Picadura · 252

Partida · 253

Hollejo · 254

Las señoras poetas del té · 256

Vuelo del colibrí · 257

Decadencia · 258

Última escena · 259

.ZIP

Única aproximación de Dios · 267
.Zip · 271
Maremoto · 273
Humanúmero · 274
No la subestime · 275
Lo que no somos · 277
43 · 278
Ante el semáforo · 279
Ante la pantalla del computador · 280
Ante una pregunta · 281
Entre Chopin y vos · 282
Esa luz de tu piel · 283
Des–olvido · 284
Presente · 285
Cafeteando · 286
Comic · 287
Desamparados · 288
Carnívora · 289
Espera · 290
Franklin · 291
Cuando lloran las tortugas · 292
Mi propia batalla · 293
Mi demencia · 294
Viejos verdes · 296

Vivian · 297

Pretextos para pecar sobre el tejado · 298

Vagina · 299

Contra el día · 301

El otro vestido · 302

Jaqueca · 303

La misma · 304

Incomodidad · 305

Jaula · 306

Cesárea · 307

Mi operación matemática · 308

Casa del árbol · 309

Mentira · 310

Delirios colores · 311

El grillo en mí · 312

Orgasmo · 313

Refugio de un niño en Irak · 314

Tierra sostenida · 315

Ya se fue · 316

Pastel de queso quemado · 317

Incensio · 318

Vos y la lluvia · 319

Estratega · 320

Des–género · 321

Lo que venga · 324

Si el destino nos encuentra · 326

Vida Técnica	· 328
Demasiado	· 330
Porque el cuerpo suena	· 331
Calicanto	· 333
Favoritismos	· 334
Despojo de la noche	· 336
Las habas del sur	· 337
Dulzaina	· 339
El bote	· 340
Territorio de mi sexo	· 341
Jardín de vos	· 342
Escalar en Plutón	· 343
Cómplice	· 344
Erotismo inédito	· 345
Minecraft	· 346
La loca que me habita	· 348

DE SOLES Y VIRUS

En segunda persona · 355

Verona · 357

La felicidad es un vestido de hojalata · 358

Insomnio · 359

Zozobra · 360

Nicaragua, Nicaragüita · 361

Mi historia · 362

Es breve la vida · 363

La luz se refleja en el aposento de piedra · 364

Es todo lo que tenemos que decir · 365

Eres el pájaro que duermes en mis sueños · 366

Las sombras · 367

Lejos de mí · 368

Desde Chile · 369

Sin sol · 370

Vos sabrás · 371

Cercanía · 372

Todo sigue · 373

Alegría · 375

Cada latido extraviado es el minutero del olvido · 376

Bolsas Negras · 377

ERÓGENA

eróGena

Impertinente soledad · 387
A mi Virginia Woolf · 388
Mujer nada más · 390
Marea Roja · 391
Violonchelo · 392
Una diatriba menopáusica · 393
La teoría del amor virtual · 395
Pechos caídos · 396
Desde lo imposible · 397
Decir que la ausencia no es luz · 398
Falso Perfil · 399
Desde el dolor · 400
Óptica · 401
Ceniza que no se busca · 402
Niebla · 403
Insostenible · 404
¿Podría ser real? · 405
Por amarte · 406
Querella · 407
¿Estás? · 408
Cafeteando un olor · 409
Somos trópicos · 410
Espera · 411

La gladiola · 412
Descifrar el enigma · 413
Edad Planetaria · 414
El colibrí que no soltarás · 415
Brilla junto a la distancia y que la edad no me venza · 416
Ruego · 417
Reloj sin cuerda · 418
Otra vez contigo · 420
Vuelta a 360° · 421

Un cuerpo libre es una sospecha
Anatomía · 425
Z–erógenas · 426
Pezones del mar · 427
Muslo en la cordillera · 428
Cuello de estrella · 429
Oreja de azul penumbra · 430
Vulva flor de flor · 431
Multiorgasmia en las fases de la luna · 432
Erízame · 433
Sed de la tierra · 434
Cabello de medusa · 434
Clítoris silvestre · 436
Glúteos desde mi sombra · 437
Compulsión · 438
Autoerotismo · 439

Corazón que se descifra · 440
Aldaba rota · 441
Cuerpo escrito · 442
Mantis · 443
Imprevisto · 444
Decirnos · 445
Imagino · 446
Desvergüenza · 447
Madrugada · 449
Suburbio · 450
Vanguardia · 451
La danza del Sufí · 452
Preguntas · 453
Un libro de bosques · 454
Sin conexión · 455
Vergüenza · 456
¿Dios nos acompaña? · 458
Sin mancha · 458
Apetito · 459
Atracción · 460
Oxigenación · 461
Proximidad · 462
Posibilidad · 463
Lejos · 464
Azotea · 464
Claustro · 466

El virus · 467
Cuando los cuerpos oscurecen · 468
Palo santo · 469
Volví a vivir · 470
Encuentro · 471
Irrebatible · 472

eróGenAmbientalista
Infausto · 475
Zarabanda · 476
Sigilo · 477
Noctámbula · 478
Talud · 479
Sentido Común · 480
Cuerpos impulsivos · 481

Gráfica forma de diseñarte · 483
Desde la fuga · 485
Rincón · 486
Campo minado · 487
Los niños del fuego · 489
Canción de delfines dormidos entre rocas y corales · 490
Sublevado · 491

Acerca de la autora · 495

STONE OF MADNESS COLLECTION
COLECCIÓN PIEDRA DE LA LOCURA
Personal Anthologies
(Homage to Alejandra Pizarnik)

1
Colección Particular
Juan Carlos Olivas (Costa Rica)

2
Kafka en la aldea de la hipnosis
Javier Alvarado (Panamá)

3
Memoria incendiada
Homero Carvalho Oliva (Bolivia)

4
Ritual de la memoria
Waldo Leyva (Cuba)

5
Poemas del reencuentro
Julieta Dobles (Costa Rica)

6
El fuego azul de los inviernos
Xavier Oquendo Troncoso (Ecuador)

7
Hipótesis del sueño
Miguel Falquez Certain (Colombia)

8
Una brisa, una vez
Ricardo Yáñez (México)

9
Sumario de los ciegos
Francisco Trejo (México)

10
A cada bosque sus hojas al viento
Hugo Mujica (Argentina)

11
Espuma rota
María Palitachi a.k.a.Farazdel (Dominican Rep.)

12
Poemas selectos / Selected Poems
Óscar Hahn (Chile)

13
Los caballos del miedo / The Horses of Fear
Enrique Solinas (Argentina)

14
Del susurro al rugido
Manuel Adrián López (Cuba)

15
Los muslos sobre la grama
Miguel Ángel Zapata (Perú)

16
El árbol es un pueblo con alas
Omar Ortiz (Colombia)

17
Demasiado cristal para esta piedra
Rafael Soler (España)

18
Sobre la tierra
Carmen Nozal (España/México)

19
Trofeos de caza
Alfredo Pérez Alencart (España/Perú)

20
Fax Teatro Te Quiero
Telmo Herrera (Francia/Ecuador)

21
Ceguera, allí estarás
Jeannette L. Clariond (México)

22
El sitio donde muere mi lágrima
Luissiana Narajo (Costa Rica)

Collections
Poetry

ADJOINING WALL
PARED CONTIGUA
Spaniard Poetry
Homage to María Victoria Atencia (Spain)

BARRACKS
CUARTEL
Awards Winning Works
Homage to Clemencia Tariffa (Colombia)

BORDERLANDS
LA FRONTERA
Experimental Poetry (Hybrid)
Homage to Sylvia Plath (U.S.A.)

CROSSING WATERS
CRUZANDO EL AGUA
Poetry in Translation (English to Spanish)
Homage to Sylvia Plath (U.S.A.)

DREAM EVE
VÍSPERA DEL SUEÑO
Hispanic American Poetry in USA
Homage to Aida Cartagena Portalatin (Dominican Republic)

FEVERISH MEMORY
MEMORIA DE LA FIEBRE
Feminist Poetry
Homage to Carilda Oliver Labra (Cuba)

FIRE'S JOURNEY
TRÁNSITO DE FUEGO
Central American and Mexican Poetry
Homage to Eunice Odio (Costa Rica)

INTO MY GARDEN
English Poetry
Homage to Emily Dickinson

LIPS ON FIRE
LABIOS EN LLAMAS
Opera Prima
Homage to Lydia Dávila (Ecuador)

LIVE FIRE
VIVO FUEGO
Essential Ibero American Poetry
Homage to Concha Urquiza (Mexico)

REVERSE KINGDOM
REINO DEL REVÉS
Children's Poetry
Homage to María Elena Walsh (Argentina)

TWENTY FURROWS
VEINTE SURCOS
Collective Works
Homage to Julia de Burgos (Puerto Rico)

WILD MUSEUM
MUSEO SALVAJE
Latin American Poetry
Homage to Olga Orozco (Argentina)

INTERNATIONAL POETRY AWARD
PREMIO INTERNACIONAL DE POESÍA NYPP
Award Winning Authors
Homage to Feature Master Poets

Children's Literature

KNITTING THE ROUND
TEJER LA RONDA
Homage to Victoria Ocampo (Chile)

Fiction

INCENDIARY
INCENDIARIO
Homage to Beatriz Guido (Argentina)

Drama

MOVING
MUDANZA
Homage to Elena Garro (México)

Essay

SOUTH
SUR
Homage to Victoria Ocampo (Argentina)

Non Fiction

BREAK-UP
DESARTICULACIONES
Homage to Silvia Molloy (Argentina)

Nueva York Poetry Press

For those who, like Alejandra Pizarnik, evoke their madness and even wish to extract it as if it were a stone, their only privilege, this book was published in November 2024 in New York City by Nueva York Poetry as part of the *Piedra de la Locura* Collection, as a tribute to her, in the United States of America.

www.ingramcontent.com/pod-product-compliance
Lightning Source LLC
Chambersburg PA
CBHW031843220426
43663CB00006B/475